Fashion Design

時尚設計全書

時尚史、產業趨勢、研究工具、織品布料、設計方法、作品集，時尚設計師與從業者的全方位專業指南

時尚設計全書

時尚史、產業趨勢、研究工具、織品布料、設計方法、作品集，時尚設計師與從業者的全方位專業指南

作　　　者	丹尼斯·安東（Denis Antoine）
譯　　　者	韓書妍
審　　　訂	許鳳玉

總 編 輯	王秀婷
責任編輯	李　華
美術編輯	于　靖
版　　權	徐昉驊
行銷業務	黃明雪、林佳穎

發 行 人	凃玉雲
出　　版	積木文化
	104台北市民生東路二段141號5樓
	電話：(02) 2500–7696｜傳真：(02) 2500–1953
	官方部落格：www.cubepress.com.tw
	讀者服務信箱：service_cube@hmg.com.tw
發　　行	英屬蓋曼群島商家庭傳媒股份有限公司城邦分公司
	台北市民生東路二段141號2樓
	讀者服務專線：(02)25007718–9｜24小時傳真專線：(02)25001990–1
	服務時間：週一至週五09:30–12:00、13:30–17:00
	郵撥：19863813｜戶名：書虫股份有限公司
	網站：城邦讀書花園｜網址：www.cite.com.tw
香港發行所	城邦（香港）出版集團有限公司
	香港灣仔駱克道193號東超商業中心1樓
	電話：+852–25086231｜傳真：+852–25789337
	電子信箱：hkcite@biznetvigator.com
馬新發行所	城邦（馬新）出版集團 Cite（M）Sdn Bhd
	41, Jalan Radin Anum, Bandar Baru Sri Petaling, 57000 Kuala Lumpur, Malaysia.
	電話：(603) 90578822｜傳真：(603) 90576622
	電子信箱：cite@cite.com.my

製版印刷　上晴彩色印刷製版有限公司

城邦讀書花園
www.cite.com.tw

【印刷版】
2022年2月24日　初版一刷
售　價／NT$990
ISBN 978-986-459-386-6
Printed in Taiwan.

【電子版】
2022年2月
ISBN 978-986-459-385-9（EPUB）

國家圖書館出版品預行編目資料

時尚設計全書：時尚史、產業趨勢、研究工具、織品布料、設計方法、作品集，時尚設計師與從業者的全方位專業指南/丹尼斯.安東(Denis Antoine)作；韓書妍譯. -- 初版. -- 臺北市：積木文化出版：英屬蓋曼群島商家庭傳媒股份有限公司城邦分公司發行, 2022.02
　面；　公分
譯自：Fashion design : a guide to the industry and the creative process.
ISBN 978-986-459-386-6(平裝)

1.CST: 時尚 2.CST: 服裝設計 3.CST: 服飾業

541.85　　　　　　　　　　　111000324

Fashion Design

時尚設計全書

時尚史、產業趨勢、研究工具、織品布料、設計方法、作品集，

時尚設計師與從業者的全方位專業指南

作者──丹尼斯‧安東（Denis Antoine）

譯者──韓書妍

審訂──許鳳玉

目次

- DEVORE → CUT&LINK
- LINK DRESS
- PUT TAFFETA

導言

時尚設計是一門常被誤解的專業。一般人看這個領域，通常會將重點放在讚嘆天才設計師與生俱來的創造力，卻避而不談創造過程的背後是如何費盡心血。本書就是特別針對時尚這項令人熱血沸騰卻又相對曖昧不明的主題而撰寫，引導讀者從真實的角度理解這個產業。

業界中，各個層級的時尚設計師皆面臨極具挑戰性的工作：每一季都要融合商業與藝術性，設計出款式合宜，營收上可行，而且令人躍躍欲試，充滿創意的產品。此外，所有時尚產業中的一份子，無論是商品視覺企劃、攝影師、造型師、印花設計師還是採購，只要澈底了解設計師的創造思維，都能大獲助益。畢竟時尚品牌並非只是單純地製造單品，而是透過「如何與為何」，打造產品與其展現出來的藝術視野，做出與他牌的區別。想要充分了解時尚產品如何生成，就必須通盤意識到其中的眾多面向，最好理解的方式，就是將其整合成三大部分，分別是「脈絡」、「概念」以及「呈現」。

「脈絡」指的是時尚產業的核心知識、歷史與商業結構。設計師在這些方面必須能夠應用自如，才能將作品實際融入當前的流行市場。時尚史和商業的關鍵點、引入當前話題而影響產業，以及品牌發展、消費者研究與潮流的主要知識，這些內容將於第一章和第二章介紹，做為往後延伸至創作的基石。

第三、四、五章聚焦在概念和發展，探討為時尚產業開發新產品的必要過程。從定義靈感，到累積研究並將之應用在原創性織品與設計開發上，這部分在創意過程中能發現許多潛在可行的工具和技法。雖然技法對許多設計師的創作方式影響至深，不過，應該將技法視為創意策略的出發點，以及設計師自我探索和實踐的起點。

當設計發展完成，且新一季的當季產品系列逐漸成形後，時尚設計師就會落實各式各樣的「呈現」工具，體現新產品的價值。呈現的方式，很有大一部分將取決於該設計的預設客群。因此，某些呈現方式，如「平面圖」（flat drawing），就會是主要的工具，而時尚插圖則著重於採編敘事。設計師採用的形形色色呈現技巧，就是第六章的主題。對於亟欲進入時尚產業的年輕設計師而言，以多元的視覺方式呈現展現出流暢手法至關重要，將自己的作品彙整成一份專業作品集（portfolio），同時採納實體與數位形式，並且在應徵面談時發揮令人信服的口語能力。基於這個原因，最末章將提供作品集設計、履歷以及面談技巧的指南。

雖然時尚是個日新月異的產業（風格和結構皆然），時尚設計師的角色始終是產業成敗的關鍵。時尚設計師熱愛歷史，是極具策略手段的難題解決者，是商業執行者、畫家、雕塑家、工藝家，更是集所有角色於一身的溝通高手。本書將向所有有志加入時尚產業的讀者，揭示這個刺激的創意角色。

對頁：Ashley Kang的拼貼

1. 時尚的歷史
與產業

學習目標

· 透過文化產品、設計品，以及時尚產業等，認識並學習時尚

· 學習研究時尚的關鍵專業術語

· 認識歷史上影響時尚演進的主要事件與發展

· 認識十九世紀到今日的重要時尚設計師，增加脈絡感

· 理解時尚市場的結構

· 留意衝擊時尚產業的當前爭議，與其設計實踐

了解時尚

時尚是混種學問，座落在藝術、工藝與工業的交會處，既是創意領域，也是一門巨大的生意。設計師的作品必須結合功能與藝術性，而且具商業可行性，才能獲得成功和實用性。在開始探索藝術家和商人在這個產業中所做的研究、創意發想，以及呈現方式之前，先來瞧瞧時尚究竟是什麼吧！

時尚是文化產物

一如音樂和藝術能夠表現出各種不同的美感偏好，時尚傳達的是特定族群選擇的服裝符碼。**品味**代表文化偏好的體現，通常稱為文化的**時代精神**。隨著文化變遷，品味也會改變，時尚自然也會跟上腳步。

「時尚」一詞真正的定義，是「一時的」。大部分理論家都同意，時尚不單是我們身上穿著的衣服，也展現了文化語言。時尚本質上與文化彼此交纏，擁有相同文化認同的人們，品味大部分也非常近似。例如首爾和紐約這類大都會中的年輕人，相較於當地偏鄉的年輕人，前者的風格偏好會更相近。過去，這些界線壁壘分明，如今透過社群媒體與其他形式的數位傳播，不斷被重新定義。

時尚專業術語定義

服飾（Dress）：形容某地區人民用於保護與裝飾身體之物品的總稱。如珠寶、服裝、彩妝、鞋履，以及許多其他東西都算是「穿著物」。

衣服（Clothing/Apparel）：主要用途為遮蔽身體的穿著物，兼具防護自然環境的功能與特性。

服裝（Costume）：可互相交流的穿著風格，屬於特定的文化族群、社會階級，或是民族認同。服裝也可以用歷史風格來歸類，例如十六世紀流行的西班牙吊鐘狀裙撐（farthingale），還有民族服飾風格，如巴伐利亞的皮革吊帶短褲（lederhosen）：兩者皆為服裝形式，但又不被視為當代流行。服裝通常不會隨著歲月改變。

時尚（Fashion）：某種風格在巔峰時期，獲得具時效性的廣泛歡迎及應用，隨後便被另一個不同風格取代。這點或許和服飾、音樂、飲食或其他消費產品的方式有關。「時尚」在現今被普遍當作「穿著風格」的同義詞。

對頁：走秀只是時尚產業的眾多面貌之一。

某家位於莫斯科的服飾店鋪中，展示的設計師時尚作品。

時尚是設計品

　　時尚是由設計師主動生成的。進入這個產業，就代表要承擔挑戰，透過創造力的探索和藝術過程，進一步挑戰時尚本身的美感語彙。關於時尚的種種觀念彼此交疊，而在這之間，有許多灰色地帶。然而，重要的是，必須非常注意每一種穿著形式上刻意添加的功能，才能進一步鍛鍊設計實作和藝術選擇的效果。成功設計出時尚的關鍵，在於設計師能否嚴格評估其創作產物和時尚的文化與審美脈絡連結。在這個前提下，時尚設計師的工作不僅僅是設計**衣服**，而要能夠不斷創造新風格，以博得廣泛的接受度、被大眾喜愛。若無法清楚理解作品如何和不斷變遷的社會品味偏好產生關係，失敗風險將會極高，而且很可能導致設計師浪費大把時間精力與經費，在無關緊要且不成功的產品上。說到底，時尚畢竟是要追求經濟效益的。唯有當設計創新能夠提供有效益的解決之道，符合真實受眾的功能和美感需求，才會在財務上獲得成功。

時尚就是一項產業

　　時尚不只是社會現象和設計師才華洋溢的成果，更是如日中天的產業。這項產業包括遍布世界的**供應鏈**，對全球經濟影響甚鉅。從烏茲別克的棉花採收工、秘魯的紡紗工人，到日本的**零售業者**，提供上千萬個就業機會。以設計師、業務或**產品開發者**的身分加入這個行業，必須通盤了解現有體制的巨大潛力，及其深層結構性缺點，本章稍後也將深入探討。

　　雖然1990年代網際網路引進後，溝通方式發生革命性變化，製造衣服的方式，自十八世紀末的工業革命後，本質上卻沒有改變。亟欲為時尚產業帶來有意義的貢獻，並希望在未來看見貢獻茁壯的設計師和所有其他創意思考者，為此必須應用創造力和藝術才能，不僅僅是研發美麗的產品，更要為時尚如何設計、製造、供應與販售提出創新、實際並且永續的解決方案。

上圖：一間位於首爾的設計師工作室，正在開發新服裝。
下圖：時尚產業眾多環節中的一環：織品設備。

綜觀時尚史

設計師可以透過對時尚歷史脈絡的認識，加強做出具洞見的創意決策之能力。因此，今日我們舉目所及的時尚產業和造型選擇，對於其背後的歷史擁有基本理解是非常重要的。以下將簡短介紹關鍵主題的概要，更多關於時尚的詳細歷史脈絡評論，請見書末「實用資源」清單。

時尚產業的生產和製造已然全球化，然而，自歐洲、北美和日本發展出來的視覺美感，至今仍是全球時尚的主要語彙。因此，接下來的討論焦點，也集中在這些地區。

奢侈品的概念常與時尚連結。「時尚」代表短暫的風格偏好，而「奢侈品」的重點則在於價值。早在歐洲出現可辨識的時尚之前，世界各地的文化已發展出對奢侈品的明確定義。產品和原料依照珍稀度和取得難度分級。資源越稀缺，身價就越水漲船高，自然被認為更加奢侈。中國的絲綢、罕見的染料、黃金與寶石，在過去無疑是地位的象徵。奢侈品的象徵性符碼從許多方面來說，從古至今，本質上並沒有改變。

人物畫展示出當時的時尚新風格。《禾諾‧德蒙拓班的婚禮》（*The Wedding of Renaud de Montauban*），1462-1470年左右，羅瓦賽‧李德特（Loyset Liedet）繪。

歐洲時尚的起始

大多數時尚史學家都同意，時尚的文化現象起源於十三世紀左右的歐洲。在此之前，風格的變換速度極為緩慢。**中世紀後期**，生產和貿易突飛猛進，正是轉變的關鍵。紡車和機械化織布機（又稱多臂織布機）的技術創新，能夠更有效率地生產織品，新原料和技術則是十字軍從中東帶回的成果。歐洲貴族宮廷的演變，以及語言和視覺方面的交流進展，為逐漸崛起的新風格意識提供舞臺與資金。現在，主流**輪廓**和流行服裝只會短時間受歡迎，隨即被取而代之。歐陸眾多宮廷彼此競美，帶來追求有趣新款式衣服、配件和服裝形式的動機。

《年輕女子肖像》（*Portrait of a Young Lady*），約1465年，安東尼奧‧德波萊烏奧羅（Antonio del Pollaiuolo）。

此繪畫展現出典型的貴族洛可可風格。法蘭索瓦·布雪（François Boucher），《龐巴杜夫人》（*Madame de Pompadour*），1756年。

這幅查爾斯·吉卜森（Charles Gibson）的插畫表現出工業革命時期流行風格較簡潔的服飾。《最甜蜜的故事》（*The Sweetest Story Ever Told*），約1910年。

帝國主義時期

自1400年起，隨著西班牙和葡萄牙開始橫越大西洋，擴張海上貿易、殖民美洲、奠定通往印度的航道，歐洲勢力將焦點放在藉由征服世界各地的版圖，以獲取大量經濟資源。西班牙、英格蘭以及後來的法蘭西宮廷成為展演極盡鋪張之能事的地點。和權力與社會階級劃上等號的浮誇奢華，透過異國材料和需要大量人力的技法，在這個時期更加鮮明突出。薄透棉紗、手工蕾絲、珍珠和寶石就是穿戴者的經濟與政治地位體現。許多人認為，路易十四在凡爾賽宮（1682年）建立的法國宮廷，是法國真正獨占最新時尚鰲頭的開端，直到二十世紀。

工業革命

十九世紀末引進的新技術使得大量生產快速擴張。軋棉機、高效梳棉機、力織機，以及縫紉機等工業設備，為衣服生產帶來革命性突破。到了十八世紀中葉，已然奠定商品的大量製造，而且對歐洲和北美人民而言，**成衣**首度成為容易獲得的產品。時尚再也不是貴族的專屬特權。梅西（Macy's）和Lord & Taylor等新成立的美國百貨公司中的大眾零售商，販售從法國傳來的流行風格的簡化翻版。這段時期發展建立的眾多科技和生產過程，至今仍在運作中。

奧黛麗·赫本（Audrey Hepburn）是1950年代女性時尚風格的化身。

現代時期

　　工業化導致都市人口大幅成長，標示了現代時期的開端。奢侈品行業不再僅限於華麗昂貴的物品，也開始納入「休閒活動」這個新項目。有能力度假和參與網球和高爾夫之類的運動，成為經濟實力和社會地位的顯性表現。越來越多女性進入職場、參與政治。都市人口需要具機能性、穿著便利的時尚，過去那些華而不實的服裝，被俐落舒適的大眾風格取代。著眼於功能，是十九世紀到1960年代間，現代時期第一階段的核心。

　　青年震盪（youthquake）、解放女性與民權運動等文化碎裂（cultural fragmentation），彷彿打開多元性的潘朵拉盒子，西方社會包容多樣意見和觀點的價值觀覺醒，單一意識型態的社會再也站不住腳了。這個時期標示並奠定了被視為現代時期第二階段的後現代性哲學信條。一般主要以功能性設計，和簡潔美感做為現代主義的定義，後現代主義則因現代主義所賜，而得以實現大量生產、銷售和溝通傳達，打造出新的運用方式，將重點放在表現力和娛樂層面。

重要設計師

查爾斯・弗德烈克・沃斯（Charles Frederick Worth，英國，1825~1895）

原是英國的服裝商人，後來成為十八世紀晚期第一位時尚設計師。起初他為上流消費者展示季節系列服裝，並為衣服加上自家標籤，上面有他的名字。以往上流人士會選購布料，讓裁縫師依照他們在宮廷看到的款式製作服裝。沃斯引進新觀念，由設計師而非消費者引領新的時尚風格。他單槍匹馬編制了法國的「高級訂製服」（haute couture），創立「高級時裝公會」（Chambre Syndicale de la Haute Couture），是至今仍掌握這個頂端市場級別的商業組織。

保羅・普瓦烈（Paul Poiret，法國，1879~1944）

二十世紀初期，普瓦烈正視時尚正逐漸遠離過氣的宮廷服裝美學。他的設計受到東方主義（Orientalism）、俄羅斯芭蕾與幻想啟發。身為第一位展現無馬甲女性風格的設計師，普瓦烈為整個二十世紀的時尚現代化做了準備。

馬利安諾・佛圖尼（Mariano Fortuny，西班牙，1871~1949）

佛圖尼在威尼斯工作，發展出一套完全不同於傳統服裝的美感。「Delphos」洋裝以打細褶的絲質構成，與古希臘服裝遙相呼應，是最早的伸縮衣服。這款洋裝讓穿著者得以自在活動，是歐洲自中世紀以降從未有過的體驗。

可可・香奈兒（Coco Chanel，法國，1883~1971）

可可・香奈兒發現她周遭的社會正在改變，因此創造了能夠迎合這些改變的風格。她運用**平紋針織布**（jersey）、軟呢，還有寬鬆的剪裁，令設計兼具符合1920年代的功能和美感。她的設計外型帶男孩氣息，精簡**配色**（color palette），反映第一次世界大戰後女性角色的變遷。

瑪德蓮・維奧奈（Madeleine Vionnet，法國，1876~1975）

維奧奈發明「斜裁」（bias cut），採對角線裁切布料，能為縐綢（crepe）和緞紋布（satin）等**平紋針織布**增添延展性，打造優雅、飄逸垂墜的服裝，令穿著者動作自如又舒適。

艾莎・夏帕瑞麗（Elsa Schiaparelli，義大利，1890~1973）

夏帕瑞麗獨樹一格的創意設計深受1930年代晚期影響，至今仍是眾多品牌的靈感來源，如Comme des Garçons、Maison Martin Margiela，以及Viktor & Rolf。她和超現實主義友人達利（Salvador Dalí）和尚・考克多（Jean Cocteau）攜手共同孕育出充滿藝術感的設計，時尚領域中的「概念設計」正是源於這些創作。

克里斯汀・迪奧（Christian Dior，法國 1905~1957）

迪奧先生於1947年採用的輪廓以「新風貌」（New Look）聞名，重新定義了女性特質。1930年代與第二次世界大戰期間，女性在原本屬於

男性角色的工廠、工地和軍隊中工作。隨著尼龍等新材質的創新用途，同時從十九世紀的沙漏造型汲取靈感，迪奧想像出浪漫又極度女性化的時尚，1940年代晚期到1950年代初期在女性間引起極大迴響。

克里斯托巴爾·巴倫西亞加（Cristóbal Balenciaga，西班牙，1895~1972）

巴倫西亞加被同時期與大部分後代設計師視為大師之最。他處理版型和立體感的手法，比起傳統製衣，反而更接近雕塑。他曾與紡織廠合作，只為了打造新材質，以便支撐造型極具獨創性的設計，同時又不妨礙穿著時的動作與功能。

伊夫·聖羅蘭（Yves Saint Laurent，法國，1936~2008）

伊夫·聖羅蘭是首位擁護後現代設計美學原則的設計師，他從多種一般而言不被視為時尚服裝源頭的文化和社會群體獲取靈感。他為女性打造的煙裝，法文稱為「Le Smoking」，模糊了性別界線，呈現強而有力的嶄新女性特質。

侯斯頓（Halston，美國，1932~1990）

侯斯頓（眾人只知他的暱稱）是1970年代叱吒風雲的美國時尚設計師，他呈現混合簡潔和優雅的標誌性風格。他延伸運用斜裁技法，打造出修長典雅的奢華輪廓。他的襯衫洋裝和兩件式喀什米爾上衣，奠定時尚中的極簡美學語彙。

薇薇安·魏斯伍德（Vivienne Westwood，英國，1941~）

魏斯伍德將龐克帶入時尚圈。由於少年時期深入1970年代的倫敦地下文化，她表現出的時尚觀點消除了原本聚焦在樹立地位的風格分野。她的作品經常參考虛無主義、反對順應體制，混合高級與低階，訂製服和破壞感。

三宅一生（Issey Miyake，日本，1938~）

技術創新是三宅最關注的重點。他和工業設計師與織品科學家合作，開發建構衣服的新方法。他是1970年代使用奧斯維（ultrasuede）的先驅，以A-POC和Pleats Please品牌廣為人知。

川久保玲（Rei Kawakubo，日本，1942~）

川久保玲的品牌Comme des Garçons令傳統設計與製造時尚的規矩全都甘拜下風。她的前衛作品是透過抽象概念的過程設計，產生出乎意料、激進，甚至相當震撼的結果。川久保玲工作的方式奠定了創意宣言，馬丁·馬吉拉（Martin Margiela）和賀穆·朗（Helmut Lang）等設計師能夠從中發展成長。

山本耀司（Yohji Yamamoto，日本，1943~）

日本傳統美學中的「侘寂」觀念，亦即欣然接受不完美之美，這項觀念主導山本耀司的創作過程。他的作品經常刻意表現出粗糙、未完成或破舊感。

約翰·加里安諾（John Galliano，英國，1960~）

加里安諾深受川久保玲的抽象概念性，與魏斯伍德聚焦在次文化的設計手法影響，發展出可稱為「歷史拼貼」的獨特風格。從他的作品能看見後現代主義的豐沛表現，擺明了「多即是美」的美感觀點。他主要以身為Christian Dior和Maison Martin Margiela的創意總監時期的豪華奢靡作品廣為人知。

亞歷山大·麥昆（Alexander McQueen，英國，1969~2010）

亞歷山大·麥昆是二十一世紀早期最具影響力的設計師，備受眾人敬重。他融合歷史、劇服、藝術和時尚，同時重新定義時尚可以達到的目的。每一季系列的呈現方式比起走秀，更像表演藝術，他的風格結合傳統奢侈品、浪漫派優雅，還有強而有力的自我賦權。

Charles Frederick Worth

Coco Chanel

Christian Dior

Paul Poiret

Madeleine Vionnet

Cristóbal Balenciaga

Mariano Fortuny

Elsa Schiaparelli

Yves Saint Laurent

Halston

Rei Kawakubo

Vivienne Westwood

Yohji Yamamoto

John Galliano

Issey Miyake

Alexander McQueen

時尚市場

若要在這個充滿挑戰性的產業中，產出強而有力的設計和**銷售**，最重要的就是了解形塑當今時尚產業的既有體制。交易在形形色色的領域中進行，還要有能力選擇偏好的價格帶，確立理想的銷售策略。了解每一個潛在方向，可帶來寶貴的核心價值，為研究和設計的過程樹立根基。

商業類型

為了理解時尚產業的起頭，先來認識讓全球交易轉動的三大類公司：**零售商**、**生產商**，以及**承包商**。

零售商將商品販售給消費者。零售業可能是獨立的奢侈品店面，如倫敦的Brown's，也可能是資金高達天文數字的大集團，例如TopShop（譯註：已被零售商ASOS收購）。零售商絕大部分透過多重管道經營，包括實體店面，以及數位平臺上的電子零售與行動購物。

生產商創造新產品，將之販售給零售商。時尚生產商通常會透過伸展臺走秀或是在商展展示發行新商品，Pitti Uomo（義大利佛羅倫斯）或Magic Marketplace（美國拉斯維加斯）即是例子。這些公司以批發價將設計品賣給零售商，創造主要的營收。有些生產商也會直接經營幾間「品牌旗艦店」。

上圖：零售商經常將販售點置於鬧區，如商業街或購物中心。圖為德國慕尼黑的購物中心。

右圖：倫敦的哈洛德（Harrods）是指標性精品百貨公司。

承包商製作販售給零售商的商品。這些公司生產服裝、配件，也會按照生產商提供的設計明細與零售商要求的數量生產其他時尚產品。承包商通常專精單一領域的服裝生產，如縫製針織衣（cut-and-sew knits）、印花、丹寧，或是裁縫。由於歐洲、日本、南韓和北美的生產價格較高昂，近數十年來，絕大部分的服裝承包商轉而在巴基斯坦、孟加拉、越南和中國等國家設廠。這些國家的起薪較低，可以減少生產費用，零售商因而能以較低價格販售產品。這些國家的就業法規也對大型零售商的利潤更加有利。

同時經營多個領域的公司會使用稱為「**垂直整合**」的策略。例如Zara透過掌控所有零售和產品開發，建立極為成功的商業模式，同時也可直接管理絕大部分的生產設備與材料開發。這項作法使公司能夠絕佳地適應與回應消費者需求，也就是每週引進數次新品。

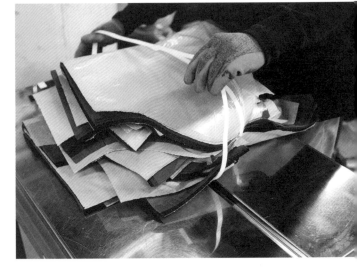

上圖：比利時設計師德賴斯·馮·諾頓（Dries van Noten）透過伸展臺，向買家和媒體展示最新系列。

下圖：裁切好的服裝裁片，可直接用於時尚承包商的工廠生產。

右圖：郭培（Guo Pei）高級訂製服，2018年秋季。
下圖：Valentino高級訂製服，2018年秋季。

市場階層

　　時尚市場中另一個重要特性就是**市場階層**，又稱「定價階層」，是生產者、零售商和承包商可以運籌帷幄的部分。

　　法語「Haute couture」（**高級訂製服**）字面上的意思是「密集縫製」，不過這個詞組經常被誤用為「高級」時尚的同義詞。高級訂製服的精準定義，是為單一客人專門量身設計製作的產品，經常表示需要大量使用手工**製衣方法**。由於高級訂製服本身的特性，無法以標準尺寸量產。Chanel、Christian Dior、Armani Privé、Elie Saab和Viktor & Rolf 都是此層級市場的品牌。在法國，高級訂製服受「高級訂製服公會」規範，公會能決定設計師是否可正式以「高級訂製服」名義展銷其作品。高級訂製服公會負責維護此市場層級的公正與完整性，因為高級訂製服是重要的法國文化遺產之一。

　　成衣（Ready-to-wear，RTW）指以標準尺寸大量生產的衣服。然而，這個名稱並不能反映衣服的定價階層，成衣還可細分為：

　　設計師（Designer）市場階層是高級成衣線，通常為設計師或公司同名。將重心放在高級訂製服的設計師會利用此層級使品牌較平易近人，受眾更廣。

　　副牌（Bridge）階層，通常做為品牌的**擴散**機會，介於設計師價位和品牌同名量產商品之間。Vivienne Westwood Red Label、Marc by Marc Jacobs，還有Michael Kors都屬於這個類別。

　　輕奢（Better）階層的產品，使用的是優於一般市場平均品質的布料來設計製造。J. Crew、Banana Republic、Esprit、French Connection、Cos等品牌都是此階層的範例。

　　中價位（Moderate）階層就是那些大量進駐**商店街**（high street）或購物中心的品牌。Gap、H&M、Zara，以及絕大多數的世界知名連鎖品牌皆位於此階層。

　　低價位（Budget，或大眾市場mass-market）是定價最低的階層，通常與廉價商店或低價品牌有關。Walmart、Old Navy、T.J.／T.K. Maxx和Primark是時尚產業中此部分的代表性零售品牌。

右圖：Vivienne Westwood MAN為副
　　　牌階層品牌。
下圖：輕奢階層零售品牌Banana
　　　Republic，新加坡。

銷售策略

　　無論是定位在哪種市場階層的公司，於設計
和創意表現上都必須採取明確的策略。銷售策略
至關重要，可建立強烈的品牌走向，有效傳遞品
牌訊息。設計師和產品開發人員可以選擇三種方
向：創新、詮釋、模仿。

　　設計創新者不跟隨潮流，他們打造的產品著
重充滿藝術感的工法，遊走在新奇獨特之間，有
時甚至是很極端的觀點。他們的獨到眼光也許可
以吸引一群狂熱的追隨者，創新者卻常常位於定
價光譜的高處，通常是為了設計師的藝術才華而
願意冒險的小公司。川久保玲、三宅一生、薇薇

安・魏斯伍德、亞歷山大・麥昆都是設計創新者
的有力例子。

　　設計詮釋者比起創新者，在藝術展現的層面
較為受到局限。設計詮釋者對於競爭對手和零售
商的行為，通常能夠兼備創新過程與強烈意識。
由於他們的作品中帶有對零售趨勢的敏銳度和實
踐，設計詮釋者製造的商品線得以吸引更廣大
受眾。Etro、Narciso Rodriguez、Alberta Ferretti、
Monique Lhuillier都反映了這項銷售手法。品牌透
過採取這個路線，在開發產品的同時，仍能保有
創意價值，使消費者在日常生活風格中也能輕鬆
穿用。

Zara是以採取模仿設計策略發展成功的企業案例。

設計模仿者是創意仰賴於直接取自其他品牌或街頭風格的公司。Zara和H&M等公司極度重視收益性，因此選擇不花費太多資金培育自家設計師的藝術衝勁。取而代之，這些公司從其他伸展臺或WGSN等公司報告取得潮流，將焦點放在製作有實際效益、策略性選擇消息最靈通的產品風格。這種手法結合極為迅速的生產和銷售策略，令模仿者能夠以低廉價格生產大量不同風格，生成巨大利潤。

許多媒體對於時尚的報導著重在創新者和詮釋者，然而與之相反的，在這個產業中，低價和中價位模仿品牌握有部分最龐大有力的公司。例

如，根據2017年的財務報告，Zara的母公司Inditex銷售金額超過250億歐元；旗下握有Balenciaga、Alexander McQueen、Gucci、Bottega Veneta、Saint Laurent等品牌。最具影響力的奢侈品集團開雲（Kering），公布的總營收僅155億歐元。這些金額也反映市場內的就業機會數量：低價市場的員工總數遠超過時尚產業的奢侈品端。

培訓未來時尚人力的教育機構正在適應這些變化。許多學院和課程將重點放在養成強大設計師必備的創造力和藝術表現，然而，院所也加入培養理解脈絡、現下產業挑戰、商業覺察力等類型的課程。

時尚產業的當前爭議

從歷史角度來看，時尚產業其實意外年輕。包括時尚在內的大量生產商品，直到十九世紀才真正實現。一如所有剛萌芽的人類活動，時尚產業也顯示出一些嚴重的陣痛期，近數十年來尤其如此。

成本導向的供應鏈管理的衝擊

許多公司已經習慣只根據成本來選擇供應鏈業者或承包商。這助長了各式有道德瑕疵的加工過程，例如血汗工廠和童工。成本至上的決策手段，造成許多負面衝擊，成為產業自我檢討的議題。這些反思引起許多公司發展社會責任的框架，承擔社會全體的福祉，為生產行為負責。

公平就業實踐

成本導向模式就是直接支持普遍增長的壓迫、低薪，或虐待勞工的慣例。這個狀況透過2013年孟加拉的拉納廣場（Rana Plaza）等悲慘事件才血淋淋地顯露在世人眼前，前述的成衣工廠倒塌，導致1134名員工死亡。許多公司開始改變採購習慣，確保產品是在堅固的工廠中、以可接受的就業標準製造出來。然而這項難題還有很長的路要走，因為許多位於亞洲的生產線被外包給數不清的下游廠商，通常沒有對**生產者**公開。

不斷成長的手作風氣，以及標榜在地、透明化生產的公司復甦，很可能正是勞動道德意識逐漸抬頭的結果。

對環境的衝擊

環境衝擊對時尚產業的分析，常常將之列於第二大汙染源，僅次於石化工業。這類環境傷害來自生產製作服裝的原物料，以及讓全球供應鏈得以運作的物流而生成的大量碳足跡。不僅如此，目前推動時尚產業的盈利模式基礎，就是奠基在浪費之上。為了提高營收，時尚業界必須鼓勵消費者購買新款式，即使他們現有的衣服已功能完好。「過時」的概念經過精心策劃，形成必須淘汰非當紅／當季的衣服、以新款式取而代之的觀念，與環保永續的原則背道而馳。

公眾的環保意識益發高漲，時尚產業勢必要在不久的將來做出改變，設計師、創意總監、所有時尚領域中的領導人物都必須順應時勢。

對頁上圖和下圖：發展中國家的成衣工人，在目前全球時尚產業鏈中扮演重要角色（下圖為孟加拉的達卡）。

從線性到循環性的時尚產業鏈

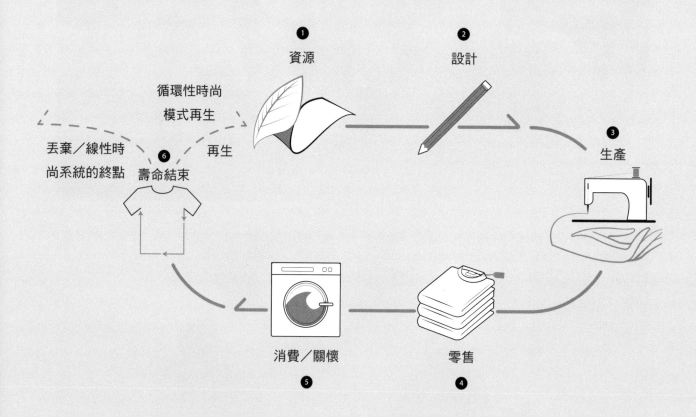

重新定義零售：Urban Research的虛擬試衣間，日本。

欲以充分永續的態度經營品牌，需要對**供應**（sourcing）、生產和零售對環境的衝擊具備極精準的洞察力。這項能力包括製造有機纖維，或是使用完全再生或可再生原料製成的布料，投入有毒染料的替代品，並清楚計算在世界各地生產和運輸衣服，將耗費多少石化燃料。

有些時尚公司，如H&M和開雲集團，試圖在設計和生產過程中落實環境永續，然而在業內，這種作為能達到的效果通常很有限。與其找到該體制的真正解決之道，許多公司只是利用環保永續來經營形象罷了。

在時尚界的重量級龍頭中，Patagonia顯然自成一格。該品牌的整體模式將重點放在環境意識上，不僅大量採用再生纖維，更貫徹耐久度價值的信念。品牌各個方面皆落實這項原則，甚至延伸到鼓勵自家品牌的消費者縫補修理老舊商品，而非丟棄買新品取代。

傳統零售的當前挑戰

數位媒體和線上零售業的崛起，對傳統零售模式帶來巨大衝擊。實體店面一年只進幾次新品的作法已經落伍，無法滿足大眾對不斷求新求變的期待。消費者現在會貨比三家，只消幾分鐘，就可以在線上或手機上選購任何想要的商品，也能無時差接觸到世界各地的產品。實體零售店已經被新的販售型態甩在後方，必須重新定義自身的角色。具有前瞻性的實體零售商很清楚數位平臺提供的獨特可能性，與實體環境結合之後，能帶來令人興奮的嶄新體驗。

數位時代推開大量客製化可能性的大門。Converse和Nike等公司使用線上平臺，讓買家自行選擇款式、顏色、**飾邊**與細節等符合個人偏好的組合，訂購客製化商品。近年來，各式各樣的品牌紛紛開始提供線上和行動化的直覺使用體驗，增加客製化訂製服務。

設計師檔案：克里斯多福‧雷伯恩（Christopher Raeburn）

克里斯多福‧雷伯恩是RÆBURN的創意總監。進行本採訪時，他在Timberland擔任全球創意總監。

可以談談你為什麼想當設計師？

我在英國肯特郡（Kent）一個小鎮鄉間長大。我的成長過程主要在戶外和創造中度過。11歲時，我加入航空青年團學習駕駛飛機，因此從年幼時就培養出對軍裝和獨特的功能性布料的熱愛。老實說，我到現在都不認為自己是一般的時尚設計師。我的興趣在於工法、實用性和功能性：研究某個東西，確保這個東西最終值得投入，並以多面向進行審視。與其說我是時尚設計師，我更覺得自己是產品設計師。

你會如何形容你的品牌？

我們公司所做的一切，都是以「4R」為基礎，分別是「再製」（Remade）、「減少」（Reduced）、「再生」（Recycled），還有「RÆBURN」。「再製」代表摧毀並重組出原創物品，我們用過的回收材料有充氣救生船、軍用毯、熱氣球等，你想得到的我們都用過。所有「再製」單品都是限量，是我們位於東倫敦的工作室中最自豪的產品。「減少」就是將碳足跡降至最低、使用有機棉，並與在地製造業合作。「再生」指的是再利用既有原料，並利用綠色科技。例如許多大衣和外套的布料，都是用寶特瓶碾成碎粒、製成纖維後織成的。

你為何選擇這個特殊的品牌定位？這個作法為你提供何種機會？

說實話，是這個定位選擇了我。我從未想要創立一家永續公司，我向來不隱藏這一點。我之所以開始使用再生原料，是在大學的時候，想尋找新奇物品來製作成嶄新的東西，這是非常好玩的事。我對軍用材質、實用服裝與必備功能性的熱愛，自然而然走向「Remade In England」（英國再製）的概念。創業五年後，我無意間發現我祖母結婚時身穿的洋裝，是用降落傘絲製成的。這令我深深著迷，發現的時機真是美麗的巧合。

品牌創立至今近十年，發展成事業，我擁有超棒的團隊，和全世界最頂尖的品牌共事。

你選擇的客群和市場，如何影響品牌的設計走向？

我們下了一番苦心，透過分析、研究和品牌定位，界定我們的目標客群，做為市場策略的一部分。最後，我們定義出四種風格鮮明的機會客群，都是三十多歲的男性或女性，他們想要尋找出色的設計品質，和動人的品牌故事，認為每一件單品的由來都非常重要。我們開始在週末開放RÆBURN Lab的部分原因，就是想要直接接觸消費者，獲得寶貴的第一手意見回饋。

在時尚產業中，你對自家品牌有何願景？

現在就是未來！我認為，身為設計師有義務好好
思考自己在做什麼、為何而做；我們最終希望做
出強大永續的選擇，為消費者提供獨特又令人心
動的產品。許多人正在努力從循環經濟造成的困
境中解套。我也相信加上科技，現在就是澈底改
變的真正機會。

發展事業時，你遇到的主要挑戰是什麼？

我們經歷過發展小公司會遇上的各種普通挑戰，
從現金流、技術到空間都有。因為我們的公司本
質是「再製」，採購和生產的挑戰每天都令人頭
痛，但這也正是好玩的地方！永續品牌普遍會面
臨的挑戰，就是全再生原料的最低訂購量。對年
輕設計師而言，這點更加棘手。使用再生原料的
成本，通常會比用一般原料高出30%。

2. 品牌、消費者與趨勢

學習目標

· 學習如何定義品牌

· 利用研究和推測過程，建立有參考價值的消費者輪廓

· 了解商業結構，使用趨勢研究

· 熟悉時尚研究的目的，與可行的應用方式

定義品牌

設計就是在創意和策略性思考之間，取得充滿挑戰性的平衡。所有品牌都必須傳達出清晰訊息，以國際化、好理解，而且獨特的姿態向受眾呈現自我。為了達到目的，公司勢必要在發行任何新產品前，計畫精準的方向，接下來，品牌的一切銷售行為，都要體現這個願景。已經站穩腳步的公司通常會將重心放在維持與強化既有的**品牌形象**，新進的大膽設計師則必須積極聚焦在建立品牌。有力的品牌設計，對任何新成立的公司而言，都是最關鍵的步驟，而且要仰賴市場動態和消費者行為的綜合分析。

什麼是小眾？

在決定完整的品牌方向前，設計師和商品規劃首先要為想闖的路線定義「小眾」（niche，利基）。找出市場中的有限小眾需求，公司在消費者眼中就能顯得獨樹一幟。以丹寧市場為例，雖然許多公司迎合這個產品區塊的需求，不過每個品牌都將焦點放在不同的特定消費族群，同時營造更鮮明的品牌識別感。例如認同 Wrangler 品牌識別的購物者，就不太可能對 Emperio Armani 或 7 for All Mankind 之類的品牌有正向回應。這就是「**壟斷性競爭**」（monopolistic competition）策略的形式，每個品牌都要打造獨一無二的感覺，如此就能在自己的小眾客群中扮演壟斷性的角色。

右圖：True Religion 為自家品牌成功創造出精品牛仔褲的小眾
　　　市場。
對頁：全球知名品牌 Chanel 的走秀。

選定商品區域

　　確立適切小眾客群的起點，就是要找出能讓建立品牌口碑的主要產品。當然，絕大多數的品牌都會發行各式各樣的產品，不過實際上，每個品牌皆會在市場中發展出核心產品原則（core product focus）。Burberry或Chanel等設計師品牌每一季都會帶來多采多姿的造型，但每個品牌的當季新品，一定都會呼應某件特殊單品，例如Buberry就是風衣，Chanel就是軟呢外套。因此，剛起頭的設計師和品牌的首要之務，就是要選出日後的產品原則。商品區域可以由特定的**衣服種類**界定，如Diesel的丹寧、Sonia Rykiel的針織、Moncler的外套、Elie Saab派對洋裝等。或者，品牌會選擇根據預設的用途，定義自身的商品區域，如運動服、通勤，或是休閒（例如Reebok、Reiss、Levi's）。將重點放在衣服用途的困難之處，在於這項決定可能會顯得不夠具體，需要額

外說明。意圖推出新品牌的設計師，應該要依據自身才能和創意重心選擇商品領域。依循明確且簡單易懂的信條「專注做擅長的事」與「做會開心的事」，對新品牌在人才濟濟的市場中展現創新有趣的點子，絕對大有助益。

找出市場開放

　　小眾市場必須尚未被占據，才能提供足夠機會讓新公司成長。因此，挑選小眾市場的第二步，就是要評估選定的商品領域中，競爭品牌的商品供給。確認市場中未飽合且具發展性的部分，就能構成寶貴的小眾市場出發點。這些市場中尚未被開發的區域，通常稱為「**市場開放**」（market opening）。

　　辨認這種市場開發的實際方法，就是分析現有品牌。以標準化的評比系統評估這些品牌的參數，例如根據價格、是否緊跟潮流、創意、科技等準則。在這個評估過程中，要選出最有效率的準則，取決於哪些參數最能驗證目標消費者。舉例，如果打算將商務西裝放在設計師等級的市場，或許可以放上獨立品牌，風格區域範圍定在從傳統到實驗。Brunello Cucinelli、Oscar de la Renta、Alexander McQueen、Vivienne Westwood等品牌，全都是這個區域範圍內的不同層級，若哪個區段裡尚無可放入的品牌，就代表市場開放。當然，過程的效益仰賴分析是否面面俱到。如果在更大的市場中，只分析極少數品牌，很可能造成潛在市場開放的錯誤評估。

Vivienne Westwood西裝（左圖）表現出與Brunelloe Cucinelli（上圖）大不相同的品牌價值。

品牌價值

無論要發展新品牌，或為既有的公司做設計，所有設計、行銷和營運決策的基礎都將由品牌價值為核心。每個品牌都會以一系列核心原則為指引，這些原則務必要連結目標消費者的個人價值。每一種價值聲明都要能夠以文字確實寫下，接著，以對立原則思考每條聲明，分辨出級別脈絡，將大有助益。

價值範圍的級別，絕大部分都和時尚業務有所連結，包括：

- ·排他——平易近人
- ·奢華——價位可負擔
- ·經典——創新
- ·正式——休閒
- ·著重品質——著重時尚度

- ·傳統感——科技感
- ·道德性——成本導向

品牌確立核心價值後，這些價值將會為品牌引導方向，而且要始終如一。因此每一個品牌日日都會面臨雙重挑戰：打造有創意的季節性產品和推銷，同時又要忠於品牌最重要的訊息。季節性的創意新品固然重要，可吸引媒體、採購和消費者的注意力，然而，要是新品缺乏品牌價值孕育出來的美感連貫性，推出的系列就會顯得破碎混雜。只要觀察單一設計品牌的數個季節系列，辨認出各系列的異中求同，就不難看出這份雙重挑戰。持續聚焦在品牌價值上的可見結果，就是系列之間的相關性。

要在業界成為有力的業者，所有設計師、行銷專家、廣告執行，以及社群媒體策略人員，不僅要能夠澈底了解任職公司的品牌價值，最重要的是必須將這些價值轉化為商品和形象，有效傳達品牌對目標消費者所代表的意義。

店面陳列，例如這間位於倫敦的Victoria Beckham旗艦店高雅
的建築空間，就是設計來吸引欣賞品牌創意訊息的消費者。

第二章

消費者輪廓

雖然時尚設計的取向是藝術和創意美學的表現性，不過所有時尚產業中的公司，都要帶來足夠的銷售量以維持財務健康，且能打造出與目標消費者有所連結的產品。為了有效達到目的，必須釐清消費者所身處的、不斷變遷的社會脈絡。不過，在深入分析消費者、進行**消費者輪廓**（customer profile）過程之前，先來定義什麼是「**消費**」。

單純從經濟觀點來看，「消費」一詞指的是購買物品或服務的行為。然而，時尚理論更進一步將消費視為建立認同的行為。每一次購買衣服或單品，消費者就是以極幽微的方式，改變自己想要呈現的樣貌。每一件服裝單品都乘載了象徵性價值，一部分是以功能性形式定義，一部分則是以相關美感定義。透過選擇穿戴某件特定單品，消費者就是在挑選以視覺方式向世人表現自我。如此解釋，時尚消費是生活風格導向的過程，也是個人表達方式與打入社交同儕的需求之間不停歇的對話。

消費者區隔

想要了解消費者，通常可以透過一連串研究方式，包括人口統計、心理變數、年齡世代，以及人生階段。每一種方式都能帶來潛在的好處與挑戰，因此許多時尚公司採取混合法，同時使用一種以上的研究方式。區隔的目的是將大量人口劃分成較小的組別，如此對**生產者**和**零售業者**而言更容易理解並瞄準客群。消費者區隔的研究方法不是傾向集中在（根據數據和數字的）大量研究，就是集中在（根據觀念和意見的）品質取項研究，然後以下列方式分組。

人口統計（demographics）是「人口的數據特性」，年齡、地理位置、族裔、收入、教育程度、職業等這些可量化的數據點，都是消費者區隔的重點，可讓數據相近的組別清楚易懂，但無法在行為模式、美感偏好和做決定的過程方面提供足夠資訊。

Prada等品牌會以精心安排的視覺商品企劃吸引消費者。

下圖和右圖：年齡、職業、興趣和價值觀等因素，都
　　　　　會大幅影響消費者優先考慮的事物。

最下圖：都會環境就是多元消費者的大熔爐，為品牌
　　　　提供開發新的市場開放的好機會。

Tommy Hilfiger的形象廣告主打多重世代，目標在增加品牌吸引力。

心理變數（psychographics）聚焦在消費者族群的大量分析。這種方式將目標放在見解、信念、價值、偏好上，對於了解消費者為何偏愛某些產品或品牌，能提供非常有用的資訊。

心理變數的資料取得比傳統人口統計更具難度，需要更多私人和費時的方法搜集數據，如訪談、焦點小組、問卷。而用這種方式搜集而來的資訊類型，也有可能較難分析。

世代族群（generational cohorts）依照所屬的年齡世代（見下方表格），區別出行為模式和消費偏好。與形塑各個世代族群有關的社會文化事件，會影響個人的長期消費模式與社會參與。這種方式可為廣大的社會區塊帶來較概括的認識，也有助於規劃長期的商業策略，不過就較小規模的品牌而言，這種區分無法提供實用資訊。

人生階段（life stages）旨在人口統計之外，帶來額外更細緻的行為理解（請見「消費者生命階段」圖表），研究私人重大事件對消費者和社會環境與消費過程本身的關係。正在償還大學貸款、有房有小孩的人，比起同年齡但是經濟與家庭責任不同的人，做出的選擇一定大不相同，這點很容易理解。

世代族群	SILENT GENERATION 沉默的一代	BABY BOOMERS 嬰兒潮世代	GENERATION X X世代	MILLENNIALS 千禧世代	GEN Z Z世代
出生年代	1925~1945年	約1946~1964年	約1965~1979年	約1980~1995年	約1996之後
重要行為特點	會為一般原因努力投入，責任感強，忠誠，犧牲奉獻。只會購買負擔得起的東西，或是為了某物努力存錢。	不信任政府，職場競爭激烈，能以信用制度購買物品的第一代。	生性多疑，對安全感有強烈需求。動力來自金錢和自力更生。花錢謹慎。	寬容、理想主義，對社會連結有強烈需求。經濟方面依賴雙親的時間較上一代長。	極度擅長使用新科技，是天生的創業家。受全球注目。

消費者生命階段		
生命階段	形容	消費優先項目
大學時期	年輕、單身	娛樂、消遣
蜜月期	年輕伴侶，沒有小孩	體驗、不動產、居家用品
親職期1	年輕伴侶，孩子為幼兒到小學	孩童衣服、家具、醫療、托兒
親職期2	中年雙親，仍撫養孩子	教育、食物、衣服、娛樂
後親職期	年長雙親，仍撫養孩子	家事服務、高等教育、奢侈品、體驗
空巢期	年長雙親，孩子獨立	保健、保險、價值
獨居期	年邁、退休、獨身	醫療和法務

消費者視覺化

設計師和所有共事的創意團隊，都要能夠明確有效率地理解並形容他們的目標消費者。**消費者輪廓**一般認為是達到這項目的的最佳工具，可能會以多種形式進行，無論是設計工作室中釘滿圖片的牆、設計師**作品集**中的一頁，或者是公司網站上的正式聲明，消費者輪廓的用意就是要辨識出品牌的目標消費者。

將消費者輪廓視覺化，是一種很有效率的方式，畢竟只用文字描述消費者，有時候可能陳述模糊或不夠明確。無論採用哪種方式，第一步就是要列出預設消費者的主要美感價值。撰寫價值清單時，首要之務就是精準具體。「叛逆前衛」和「獨特」都很模稜兩可，對不同的人而言，意思可能大不相同。因此，製作消費者核心生活風格價值應該是要仔細、具洞察力的步驟。

有效的美感價值術語

具想像力　浪漫　古怪　深刻　靈性　具表現力
博學　機敏　藝術性　警醒　武斷　實際　羞怯
善交際　家庭取向　流行　幽默　浮誇　百變
隱密　具野心　私人　嚇人的　趣味　緊跟潮流

選定未來消費者群出來的核心美感價值後，這些術語就能用於找出圖像，將一個人的生活風格視覺化。最重要的就是具體化。每個圖像都會呈現詮釋每個術語的些微差異，因此考慮足夠選項，才能清晰呈現未來消費者的適合樣貌。此步驟搜集來的圖像通常會包括以下。

室內：消費者常身處的空間能夠非常明確地展現其個性。搜集住家室內空間（客廳、起居室、loft、公寓等），以及公共空間（藝廊、酒吧、餐廳、美術館）的圖片。

藝術：一如室內空間，鎖定客群的藝術類型圖片能找出吸引他們的美感，可助於建立有力具體的個人**品味**概念。

產品／物品：太過普通的產品無法為消費者視覺化的步驟帶來幫助，方向明確而且視覺特性鮮明的產品則能為未來消費者的風格偏好提供資訊。例如，要視覺化喜歡出國旅行的人，就可涵蓋他或她在旅途中搜集而來的物品圖像。選擇的產品獨特價值務必經過審慎思考。

街頭風格：對於將未來消費者視覺化，選擇有共同點的人物是很有效的作法。避免使用**編輯主題**（editorial），因為主題照片通常會過度裝扮，去除許多被拍攝者的人性化特質。挑選與消費者的美學價值相同的路人街拍較理想。

分析目標消費者的過程，暗藏著陷阱，包括選擇不精準或過於普通的價值術語或圖像。視覺圖像的種類可能會陷入潛在的棘手區域，如下。

普通城市景觀：想像居民無數的地方，如紐約市或倫敦，這類城市的樣貌，對於特定目標消費者，並不具太明確的識別性。

樸素的配件、珠寶、彩妝：普通高跟鞋、一串珍珠鏈、單鑽戒指，這些都是社會大眾普遍使用的單品，無法帶來足夠資訊，讓品牌製作特定消費者的側寫。

餐飲：餐飲本身的功能性質往往會局限在食物和飲料的圖像，將排除美感傳播在外。

名人：避免使用名人的圖像，因為對於公眾人物的觀點因人而異。以觀感分歧的名人為主題的圖像集，難以達成工作上的共識。

完成搜集整組豐富多樣的合適圖像後，接下來務必要編輯、組織、構圖、排版，製作成美觀的消費者輪廓板。

效果出眾的排版訣竅，請見第七章。消費者輪廓板的功用，就是令整個創意團隊成員、推廣業務（promoter）、造型師，以及所有品牌合作對象，都能對預設消費者有相同理解。

對同時著手數個系列的設計師，或是正在培訓中的設計師而言，精準地將各個設計專案的消費者視覺化，對傳達時尚業界的商業本質的覺察具有重要效果，並且能夠為創作提供清楚的脈絡。

上圖：室內空間能提供消費者風格偏好的絕佳洞察。
中圖：街頭風格照片可展示消費者透過服飾表現自我。
左圖：消費者喜歡的藝術作品透露許多他們的風格品味。如這幅尤吉妮亞・羅莉（Eugenia Loli）創作的拼貼，傳達出鮮明的趣味和古怪概念。

The Thrill

Summer/Spring 2017

TOPSHOP

Melodi Isapoor

梅洛蒂‧伊薩普爾（Melodi Isapoor）製作的消費者輪廓數位拼貼。

潮流研究

許多人以為**潮流**指的就是流行的顏色、輪廓或細節。然而，研究潮流要動用許多研究社會變遷的溯源方法。任何隨著時間而改變的流行品味或偏好，都是潮流的一部分。因此，研究潮流的重點，在於了解廣泛的社會學演變的成因和影響，以及這一切如何透過選擇產品而更加活躍。

這項研究步驟相當複雜，要仰賴正式的人口統計和心理變數分析、田野調查，以及這些分析人員應用的大量創意直覺。多年來，部分潮流預測公司成功評估與**預測潮流**，建立強而有力的紀錄，獲得響亮名氣，成為品牌策略和設計發展雙方面的可靠來源。主要的預測公司包括WGSN、Trendstop、Doneger、Peclers Paris、Trend Union、Promostyl、Edelkoort、Nelly Rodi、TOBE、Fashion Snoops。雖然，訂購這些服務所費不貲，卻可能為公司帶來更多銷售量，可將之視為極具價值的投資。

上圖：Première Vision商展中展示的色彩預測。
下圖：米蘭的街頭風格。

預測潮流的方法

許多為商業市場研究與預測潮流的公司，都會遵循「兩步驟法」。首先，定義出**宏觀趨勢**（macrotrends，又稱megatrends），接著決定這些趨勢將如何表現在具體的風格預測上。每一個趨勢研究公司，都會按照特殊方式搜集分析數據，並根據各名專家的意見呈現獨特洞見，構成趨勢分析的因素，基礎通常包含兩大部分：媒體監測（media scans），以及觀察主要現象（leading phenomena）。

Première Vision商展中展示的丹寧風格預測。

媒體監測需要搜集大量媒體內容（報紙、雜誌、電視、社群媒體等），依照標準化方法分析。這有助於辨識重要話題的廣度，如哪些觀念在媒體中占有或失去一席之地、指出相關趨勢的成長或衰減。媒體監測可以由多個單獨篩選的研究主題規劃，這類研究最普遍的結構是以縮寫為「PESTEL」的分析說明，分別代表政治（Policitical）、經濟（Economic）、社會（Social）、科技（Technological）、環境（Environmental）、法律（Legal）。這些主題並非時尚專屬，但文化和消費者行為可能會在上述所有領域產生變化，引導品味發展並影響時尚。

主要現象是無法透過媒體監測而預知的事件。這些現象發生時，並不會有明確的引發因素，且可能造成文化和消費者模式巨變。重要現象的典型例子，如2008年末的信貸市場瓦解，結果導致股市暴跌，在美國和世界各地的商業市場都造成實際後果，加大奢侈品牌和廉價零售業者之間的差距。觀察重要現象時，必須保持與有潛在重要意義的新聞、事件並進。

宏觀趨勢

「宏觀趨勢」是趨勢研究的第一項產物，聚焦在追蹤社會偏好與行為的長期大範圍變化。宏觀趨勢的成形時間超過數十年，可為長期的策略性計畫和商業定位帶來極具價值的觀察。趨勢預測家要持續追蹤這些現象的進展，依變化調整預測。數十年來，有些普遍的宏觀趨勢在體系上對消費者社會帶來衝擊。以下是部分重大宏觀趨勢，仍持續演變並影響時尚產業。

階級性到休閒：我們所處的現代社會，不斷遠離傳統階級結構，各式各樣的場合也漸漸接受休閒服裝，例如「休閒星期五」（casual Friday）服飾，逐漸成為許多工作場所容許每天穿著的休

BE CURIOUS. FIND OUT. DO SOMETHING

FASHION
REVOLUTION

fashionrevolution.org   @fash_rev

上圖：伸展臺重新定義性別。Alessandro Trincone的造型。

下圖：Fashion Revolution組織透過媒體宣傳廣告，積極推廣涵蓋多元文化。

右圖：混合運動和傳統美學，Valentino 2017年秋季推出的運動休閒造型。

閒商務服裝。同樣地，設計師級別對運動休閒服（athleisure）的接受度，正是此宏觀趨勢的徵兆。

重新定義性別角色：從女性在職場中擔任領導者角色的接受度逐漸提升，到大眾媒體對非二元性別表現與非傳統性向的接受度增加，性別角色的視覺定義在一百年間不斷進化。這項演變尤其體現於Gucci和Thom Browne的近期作品。

從在地到全球：全球市場的經濟互相聯繫性也致使文化產生互相聯繫性。對全世界的文化覺察和參與，澈底重新定義時尚的源頭。出現在首爾的風格可能透過網路而在一夕之間風靡全世界，在1990年代初期，絕對無法想像這種發展。

以科技做為連結方式：科技向來以功能性和生產性的用途為主，直到二十世紀下半葉，許多發明如傳真機、手機，以及最重要的、1990年代中期的網路，這一切都聚焦在提升連結人們的效用。在日後的科技創新上，仍會繼續展現個人連結和人際關係的重點，如Apple Watch或Nike+系列的連線球鞋之類的單品。

道德生活：許多環保主義的原則可溯及二十世紀初期，不過卻經過一段時間，才形成更廣泛的多面形式。如今，道德關懷主導著如Stella McCartney和H&M等品牌的產品和服務。

風格預測

宏觀趨勢塵埃落定後，接下來就是要將這些核心方向延伸至更具體、單獨聚焦，且產品取向的趨勢路線。此時就是需要仰賴專家小組、專業的色彩預測家或材質顧問的階段。在這個階段，新的色彩、輪廓、細節或布料都會由預測公司預報，它們能有效反映出社會偏好中特別突出的變化，通常在即將迎來新一季時，才會訂定。宏觀

趨勢預測有可能要提早二年或更久，這些風格趨勢（又稱為短期趨勢或微趨勢）通常只會提前一年左右發布。

考慮短期趨勢模式涉及趨勢走向和節奏時，必須注意某些共同模式。了解這些共同模式，是預見趨勢潛在發展的有力工具。事實上，所有短期趨勢都能以下列其中一個走向模式理解：

順流趨勢（trickle-down trends）始於奢侈品級別，中間級別和大眾市場品牌接著效仿。絕大部分的時候，此模式適用傳統上專注於奢侈品的物品或風格趨勢，但起源也可能是伸展臺上的前衛風格。洛可可刺繡、雷射切割表面，或是正式晚裝之類的趨勢，都是此模式的範例。

逆流趨勢（bubble-up trends）始於如龐克（Punk）、哥德（Goth）、情緒搖滾（Emo），以及蘿莉塔（Lolita）等次文化族群。這些族群中的個體選擇有別於規格化的穿著，展現不同於主流世界觀的異質性。當這些風格透過年輕次文化發展成熟時，就會成為知名設計師和主流品牌的靈感來源，被視為逆流趨勢走向。

下左：從宮廷裝束到成衣，Dolce & Gabbana展現涓流趨勢。
下中：Balmain這個系列混合大量街頭風格，是逆流趨勢的例子。
下右：H&M等快時尚零售業者以泛流趨勢建立商業模式。

創新採用曲線

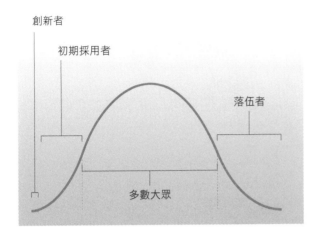

熱潮、時尚與經典

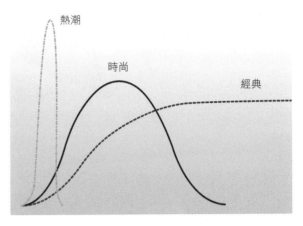

　　泛流趨勢（trickle-across trends）在世界各地和各個市場級別出現，立即擴散至業界所有級別。一切多虧大眾傳播、生產和銷售的全球進步。會爆紅流行的風格，決定權掌握在稱為「**守門人**」的個體手中。這些人包括影響力強大的編輯、買手，以及零售業者。因此，這些時尚決策者的角色功能，就是要細細研究大量選項，精心挑選對接下來幾季有意義的少數潮流。快時尚品牌就是以這種方式運作。

　　風格趨勢也能以演變進程的節奏或時間範圍來進行分析。所有獲得相當程度流行接受度的趨勢都呈現鐘形模式，稱為「創新採用曲線」（adoption of innovation curve，見圖表）。鐘形曲線的起始處，顯示趨勢的出現，只有創新者參與。接著，初期採用者加入趨勢，引發曲線明顯成長。一旦有夠多初期採用者呈現這種風格，就會產生連鎖反應，設計師就能確定這種風格具備發展性，並著手採用。曲線的末端表示趨勢逐漸消退，只會在稱為「落伍者」（laggards）的社會族群身上見到，此族群通常出於無奈或是別無選擇才採用新趨勢。從創新者到落伍者的過程，速度有快有慢，會致使以下不同節奏的走向如下。

　　經典（classics）：受採用後，獲得能見度、大眾接受度，不會衰退的風格，就稱為經典。牛仔褲是1950年代首度成為街頭風格的重要單品，直到1960年代因為與反戰示威運動連結才廣泛普

及。數十年後，牛仔褲成為人人都能接受的日常風格，流行度從未消退。

　　時尚（fashion）：時尚的過程通常進展一到三年。金屬光澤、數位印花還有雙排釦外套等的風格趨勢，在受歡迎的路線上來來去去，從早期起步到終於被厭倦，會長達數月。在這段時間的過程中，趨勢會從少數風格領袖遍及廣泛的主流接受度，最後消退。

　　熱潮（fads）：壽命極短，強度極高。熱潮主要針對青少年消費者，他們較偏向重視短期流行度。1990年的British Knights運動休閒鞋、1990年代末的電子雞，以及2017年的指尖陀螺，都是熱潮的例子。

　　設計師和業務常說，趨勢都是週期性的。或許有點誇大，不過現代數十年間，確實可見到某些風格一再出現。週期性趨勢和稱為長波現象（long-wave phenomena）的趨勢是不一樣的。雖然兩者都是指重新出現的風格或美學符碼，不過，週期性趨勢是「規律再現」且每一次發生時，都達到相同程度的接受度。要符合這樣的參數集相當嚴格，也極端罕見。相比之下，長波現象是指任何重複性的趨勢，不過，節奏和強度或許不盡相同。不斷重回流行的古希臘式洋裝，就是長波現象的例子，從羅馬帝國（約公元前一世紀）、義大利文藝復興期間（約公元十五世紀）、新古典主義時期（約1800~1820年），到二十世紀在馬

利安諾‧佛圖尼、瑪德蓮‧維奧奈、亞麗克絲‧
葛蕾（Alix Grès）、Donna Karan和許多其他設計
師的作品中都有它的身影。每一次這款風格回流
時，都有少許修改，觸及不同階層的人民，使其
不僅是週期性趨勢，更是長波模式。

　　設計師和業務必須精通趨勢研究的術語和
功能性結構，因為他們的工作本身就具預測性
質。由於要花費極長時間設計、生產與銷售服裝
單品，設計師很可能要提前一年為系列做準備。
因此，要能透過趨勢研究的核心評鑑運用預測工
具，為設計決策帶來商業成功。

上圖：藍色牛仔褲，因為由詹姆斯‧狄恩（James Dean）主演
　　　的傳奇經典電影《養子不教誰之過》（*Rebel Without a*
　　　Cause, 1955）而風靡全球。
右圖：希臘風格洋裝，如這件1950年代的亞麗克絲‧葛蕾的
　　　作品，每次重回流行時都會經過重新演繹，使其成為
　　　長波現象。

時尚研究

潮流研究旨在預測風格的未來走向，時尚研究則主要著重在理解時尚的當下。時尚公司所採取的時尚研究，通常是以該公司所採取的設計理念類型為主，**設計模仿者**和**詮釋者**則會大量豐富地利用時尚研究，而真正的時尚創新者絕少會這麼做（設計理念的相關討論，請見第一章「銷售策略」）。本質上，時尚研究就是競爭性研究的應用形式。透過研究市場現況、競爭品牌的近期表現，以及雜誌如何主打某些特定風格，設計師就能進一步確保作品引發共鳴、主導所處業界區塊的當前品味。

時尚研究的目的並不是要預測未來，而是釐清業界的當下狀態，因此和趨勢預報的本質並不相同。不過兩者的相似之處，在於都可以顯示市場上已經存在的風格和造型的資訊，因此並不適合做為原創路線**設計創新者**的創作靈感來源。

任何以時尚分析做為創意過程為出發點的設計師，工作進度大約會落後六個月，導致最後設計出來的結果有過時的感覺。這個現象在快時尚中是明顯的例外，因為模仿者是透過仿效既有的風格，甚至搶先被模仿的設計師品牌一步將之呈現給消費者。

時尚研究共有三大構成要素，分別提供獨特觀點與機會：秀場報導、編輯主題研究，以及市場探查。

到重要精品店做時尚研究，如圖中這家Trussardi店鋪，可為設計、搭配以及銷售策略提供許多資訊。

秀場報導可辨識確定市場中的商業趨勢，例如在同一季的各個秀場上都能明顯看出「熱帶花朵」調性，包括Dries van Note（左）和Mary Katrantzou（下）。

秀場報告

　　秀場報告主要提供近期秀場概要，找出重要方向、風格、輪廓、色彩、細節等。彙整有效的秀場報告可能很花時間，且要具備在大量視覺資訊中，辨識圖樣和關聯性的卓越能力。

　　要製作秀場報告，最好能出席秀場，否則就是搜集各式相關的市場區塊的秀場圖像，分析接著會以視覺相似度將資料分類。這些分類的資料可能會以材質、**服裝構成**（construction）元素、色彩使用、氛圍，或是多個系列中不同單品之間的關聯性。報告的重點在於要能看出眾多設計師的作品當中，是否有某種形式的連結。這些共通處很可能會成為主要的零售趨勢，因為，秀場報告是買手和零售業者決定採購與如何在店內呈現商品的重要工具。許多趨勢預測公司，如WGSN，除了預測資訊，也提供秀場報告的服務。

編輯主題研究

　　這類研究重點在於從各式各樣的時尚出版品搜集編輯主題素材。「編輯主題」意指一張或一組經過搭配拍攝的照片，較著重在敘事與氛圍，而非傳達服裝本身的細部和結構。《Vogue》、《i-D》、《Popeye's》和《WestEast》等雜誌皆耗費驚人時間和資源，打造出獨一無二的編輯主題，展現新一季的主要零售趨勢。編輯主題研究的挑戰，在於搜集足夠多樣的素材，以取得時尚守門人之一，也就是時尚編輯力推的當前美感語言與觀點。

　　對設計師和商品規劃者而言，能夠在作品中採用貼近頂尖時尚編輯的美感選擇，可以提高這些業界守門人對作品的接受度，將之轉化為銷量的增加。

發表在雜誌和線上的時尚攝影，不僅提供特定單品的資訊，
也呈現目前流行的氛圍和風格。韓國版《W》雜誌。

市場探查

　　時尚研究的最後步驟，需要付出一些實際行動。市場探查就如同字面上的意思，就是實際造訪競爭對手的店面。許多品牌的主力創意團隊都會定期到競爭對手的零售點，進一步了解其他品牌如何在店內向他們的消費者銷售產品與呈現品牌的氛圍。

　　顯然這是明確又直接的競爭者分析方法，目的在於確保品牌的創意策略，就設計、銷售和視覺傳達方面都優於競爭對手。

　　市場探查某些方面也能以數位方式進行。WindowsWearPro等公司專門收藏店鋪櫥窗和內部的最新圖像，並將圖像即時分享給訂閱者。雖然這類數位資訊也很有價值，不過親自造訪競爭對手的店鋪的意義更加重大，因為不僅能得到視覺資訊，更能理解消費者如何與店鋪的空間和產品連結、互動。

造訪零售點，如這間Balmain店面（對頁）或某家街頭衣服精品店（下圖），可帶來賣出衣服、店中供應的各色產品，以及更廣泛的銷售與品牌建立策略的深入觀點；店面予人的感覺往往會比店中所販售的商品更重要。

設計師檔案：崔由登（Eudon Choi）

崔由登目前擔任同名品牌的創意總監。

可以談談你為什麼想當設計師？

我的祖母、母親和姊妹都對時尚非常熱衷。祖母在我出生前，曾經營數家精品店，她的時尚感絕佳，實在很難不被影響。從孩提時代，我就總是在畫畫，當我看見1992年美國版《Vogue》雜誌中，由史蒂芬·梅索爾（Steven Meisel）掌鏡的專題攝影〈油漬與驕傲〉（*Grunge and Glory*）時，我就明白自己想成為設計師。這組攝影中，模特兒克莉絲汀·麥克莫納米（Kristen McMenamy）散發個性感和個人風格。各種源頭和新興風格浪潮的碰撞，令我想成為其中的一份子。

你會如何形容你的品牌？

我會以帶有陰柔感性的陽剛男裝裁縫手法形容EUDON CHOI。我有男裝設計的背景，因此總是會著重於利用男裝技法和陽剛剪裁形塑女性造型。我很喜歡在女裝中藏入男裝小細節，包括在外套上加入零錢口袋之類的設計。

藝術、建築以及歷史都是我的靈感來源。我喜歡在自己的創意中，重新詮釋並參考其他人的創意旅程。2018年的秋冬系列是以聖艾夫鎮（St Ives，英國康沃爾郡）的一群藝術家為主。我研究了素人藝術家艾弗列·瓦利斯（Alfred Wallis）的作品，向也曾在當地工作的漁夫和礦工致敬。

你為何選擇這個小眾的品牌定位？這個作法為你提供何種機會？

身為定居倫敦的韓裔設計師，我獲得的機會超乎想像。我覺得自己有幸住在這裡，並做為設計師被接納。倫敦是很精彩的城市，以多元化和創新聞名，確實賦予我充滿玩心的創作自由度。做為一座城市，倫敦孕育出獨一無二的後起之秀，而且能獲得英國時裝協會（British Fashion Council）的支持也是很棒的事。倫敦女性非常獨特，能夠設計供她們日常穿搭的單品，我很享受。

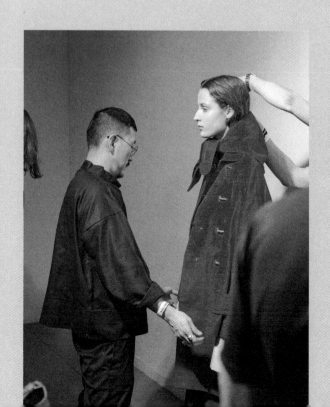

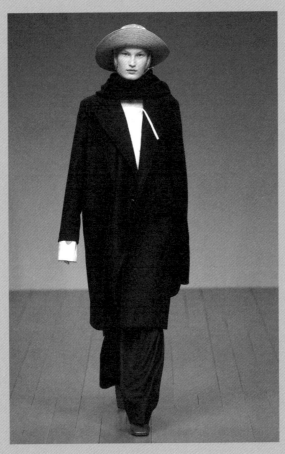

你選擇的客群和市場,如何影響品牌的設計走向?

我覺得唯有和消費者連結,設計系列才會充滿生氣。我設計能夠融入人們的衣櫥,成為每天都能穿的單品,而且最喜歡看消費者如何搭配單品,變成自己的風格。看見我的願景以這種方式實現,就是最棒的回報。我和消費者的關係非常緊密,總是傾聽他們想要什麼,思考可以如何提升他們的時尚體驗。

我希望我的消費者長久保留我設計的單品,不斷重新搭配,重新愛上它們。我很希望女性到我的店裡添購衣櫥的必備衣服,投資可以重複穿搭的單品。我的設計是經典中帶點變化。

發展事業時,你遇到的主要挑戰是什麼?

最大的挑戰就是要在創意和商業性中取得平衡。對年輕品牌而言,帶來新氣象確實很重要,不過,能夠讓事業持續成長、並在業界生存也同樣重要。

太多品牌來來去去,因此我很感恩經過了九年,自己還在這裡,持續展示新設計。

在時尚產業中,你對自家品牌有何願景?

沒人料到社群媒體和Instagram竟會對業界帶來如此巨大的影響,因此誰又能知道未來會是什麼樣子呢?我希望時尚的未來是永續的,我想要在時尚業中找到可增加再生的方法。

3. 靈感和研究

學習目標

· 學習實用的時尚設計概念

· 透過「腦力激盪」連結靈感和視覺研究

· 了解研究計畫的步驟

· 熟悉彙整研究的工具以及方法

· 探究實現原創的策略以及技巧

· 學習訂定鮮明色彩故事的動機和框架

· 檢視發展系列時，原料採購的挑戰

概念和概念構成

訂定有效的**概念**（concept）方向，是準備往有力的設計發展邁進的必要步驟。概念可能會以多種形式呈現，不僅在引導創意過程，更在最終產品向消費者傳達價值與創新度時，扮演重要角色。

知名設計師傾向運用一貫的方法建立概念，成為他們的創意標誌與**品牌識別**不可或缺的部分。本章將介紹設計師與**產品開發者**採用的多種概念類型，以及運用必要步驟從發想擴充成完整的研究主體，培養設計調查。

概念是什麼？

「概念」一詞常用來表示眾多靈感的可能形式。這個詞雖然有多種意義，但都可指稱創意的能量來源，以及引導力量，是系列和品牌發展步驟的基礎。

以概念為創造基礎及方向，這個作法不僅限於設計，也能用於造型、視覺銷售策略、媒體情報，以及消費者契合。了解這項明確且具目的性的方法，能讓設計師獲益匪淺。建立時尚系列，需要團隊的努力，包括與織品設計師、配件設計師、圖樣設計師、造型師，以及公關顧問等，族繁不及備載。設計師越能清楚明確傳達傳遞創意靈感，團隊越能夠有效地為一致目標合作。

上圖：Salvatore Ferragamo的後臺情緒板，米蘭。
對頁：Horse Design工作室：一名設計師正在靈感牆前。

左圖：盧吉歐‧凡諾提（Lucio Vanotti），Pitti Uomo 90時裝秀情緒板。

右圖：以作品集形式呈現多個圖像是一大挑戰。在這種情況下，搜集主要研究與主題的簡短視覺概要非常有用，此為伊芮娜‧艾瓦迪（Airana Arwady）的概念板。

尋找靈感的方法

創意靈感的來源眾多，不過，概念性方法通常有如下三個主要類別。

敘事性主題：設計師以說故事的過程打造系列設計時，會使用這種類型的概念形式。設計發展過程主要方向是物件、藝術、照片、**經典時代**（vintage）衣服，以及其他與探索中故事有關的視覺素材。依循這種概念和靈感方法的設計師，傾向發展出介於劇服和時尚之間的作品。這類設計師包括亞歷山大‧麥昆、擔任Dior創意總監職位時期的約翰‧加利亞諾（John Galliano）、湯姆‧布朗（Thom Browne），以及許多其他的設計師。

生活風格靈感：設計師也可以選擇將創意過程的發展聚焦在觀察消費者的生活風格上。這種類型的靈感常常以一名深具影響力的「**繆思**」為中心，體現欲探索研究的生活風格。設計師品牌如Tommy Hilfiger、COS、Giorgio Armani向來採用這種創意方法。專注在生活風格靈感上，可能會同時帶來正面和負面效果。雖然此方法能對品牌的目標消費群強調品牌訊息，不過有時候也可能導致設計重複，缺乏創新。

概念性設計：這種創意靈感發展方式，聚焦在質詢設計加工如何運作。透過研究設計和製造的標準方式，概念性設計師提出獨到創新的方法，轉化成不受商業考量束縛的藝術宣言，或是變成**衣服**產業未來的全新解決之道。來自概念性方法的產品常常顯得過於新奇到可能令人不安，並滋養前衛設計的美感。馬丁‧馬吉拉、川久保玲、三宅一生等設計師都使用這種靈感方式。

概念性設計，如圖中的瑪瑞娜・霍爾曼塞德（Marina Hoermanseder）
造型，通常並非來自靈感研究，而是來自以過程為主的思考。

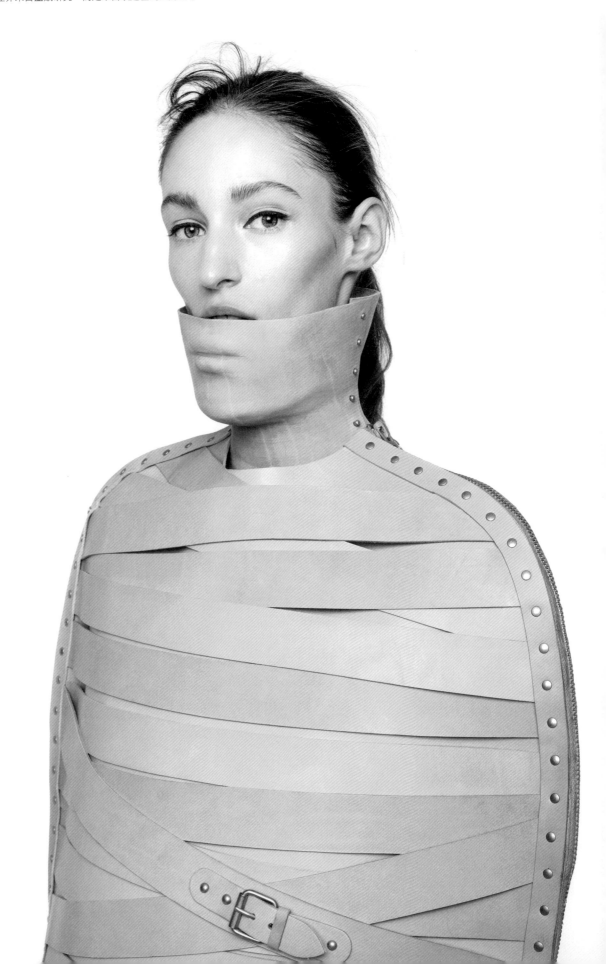

敘事性靈感：Alexander McQueen，2010年春季

Alexander McQueen題為「柏拉圖的亞特蘭提斯」（Plato's Atlantis）的2010年春季系列，就是敘事性設計的傑作。一如標題的意思，設計聚焦在想像的失落城市亞特蘭提斯，據說是一座科技極發達的古老社會遺址，被大海淹沒。流行文化普遍將亞特蘭提斯城與外星文明連結。這些敘事性走向形塑了整個系列的基調，從織品、輪廓到配件與造型皆是。

配色／調色盤（color palette）：這個龐大的系列研究數個色彩類別，從爬蟲類的紅銅與青銅色，到水底的藍綠色調、海草、科幻感的灰，以及膠片的黑。

織品與材質：麥昆在系列中使用的材質發展方法令人嘆為觀止。數十種各色印花、刺繡與裝飾，全都展現蛇、魚類、軟體動物和海浪的視覺外觀，以及對外星科技和太空旅行的抽象指涉。

輪廓：此系列的輪廓研究表現出麥昆充滿創造力的打摺技巧。衣服打造出雕塑般的立體感，令人聯想到貝類和太空船。

造型：此系列透過秀場的造型強烈傳遞敘事性靈感。配件、髮型和妝容，以及整個系列的呈現，都是幫助說故事的重要功臣。

配件：配件激進地推向美感和功能性目的的極限。部分鞋款採用鑄模成形（cast volume），令人想起《異形》（Alien）系列電影中的生物設計（H.R. Giger原創）。其他鞋款則從腿部一路延伸成極端不自然的造型，更加深走秀者彷彿來自異世界的吸引力。

髮型和妝容：兩者皆以強化科幻美感的方式打造。模特兒的臉部加上假體，使外觀更加冷硬嶙峋。髮型主要梳理成堅硬造型，如角般延伸，向上向後拉長頭骨，有如外星人。

這場秀在白得發亮的伸展臺上演出，兩側各有一支裝載攝影機的機械自動臂，加強整場秀的科幻氛圍。特別訂製的原創錄像強化敘事，在背景幕上播放做為系列的開場。這支錄像結合爬蟲類和有機質地，以金屬藍呈現催眠萬花筒般的圖樣變化。

透過分析此系列，可以看出，如果系列核心的主題概念貫徹表面到形狀、產品到造型，深入作品的每一個面向，那麼敘事性靈感類的設計師就能達成極強烈的成果。

Alexander McQueen 2010年系列背後的敘事性靈感數位拼貼。

裝飾藝術充滿造型感的元素，特色是鮮明銳利的幾何、簡約流暢的線條，以及豐富的素材，在Chanel與紐約市克萊斯勒大樓中庭的設計中非常顯而易見。裝飾藝術是1920年代持續到1940年代的生活風格趨勢，影響了各個領域的設計。

Chanel作品中的生活風格靈感

Chanel的作品整體並不是透過敘事性或概念性方法得到靈感，而是透過她對女性生活的深入觀點。可可·香奈兒成長於「**美好年代**」（belle époque），那是第一次世界大戰之前的世界，女人穿著馬甲、累贅的洋裝，頭戴充滿裝飾的大帽子。她知道周遭社會正在快速變遷，而且女性在社會中的定位也正在改變。由於都市化，女性為投票權奮鬥，進入職場的人數也是空前地高，這一切都代表香奈兒成長過程中那些不實際的服飾很快就會過時。她並沒有推廣以貴族風格為靈感的舊式奢華觀點，反之，香奈兒把為現代新女性著裝當成一生的使命。

由於注重功能性、實用性與具簡潔俐落的美感，她在往後數十年的設計仍顯得非常一致。她對色彩、輪廓、**服裝結構**、細節的處理手法不完全是季節性的，這些是獨特的品牌訊息，試圖表現目標消費者如何過生活。如果仔細觀察她在1920年代與1950和1960年代設計的服裝，它們幾乎可以互換。柔和的配色、襯托身材的管狀柔軟版型，以及低調的奢華質地，這些都是她一貫的風格特製。

Chanel的作品中預見了許多今日當代女裝的元素，包括女性服飾來自男裝靈感的西裝外套和長褲，或是以運動服為靈感的造型。

Chanel對二十世紀時尚的重大貢獻在於創造出嶄新的服裝風格，不僅帶給時尚消費者知道自己想要的東西，更提供他們原本不知道自己需要的東西。在這個情況下，務必了解，聚焦在生活風格設計的成功手法，並不是複製時尚市場中已經有的東西，而是在日新月異的社會中，建立未來的獨特需求。

「時尚並非只存在於服裝。時尚就在天空、在街道上，時尚必須和想法、生活方式，以及正在發生的事物有關。」
——可可·香奈兒

對頁：三宅一生的衣服，如圖的2016年秋季系列，並不是透過視覺靈感設計，而是透過技術實驗設計出來的。

案例分析

Issey Miyake作品中的概念主義

每位以概念性手法為創作方向的設計師都有一套獨特步驟，有時候稱為**設計方法學**（design methodology），會對他們的設計產生重大影響。強化概念方法，代表設計是在複雜過程中成形的，而且通常並非來自繪製草圖（croquis）的傳統方法。因此，產品會以出乎意料的方式成形，帶來非傳統的獨特結果。

三宅一生的作品就是概念性靈感的絕佳例子。三宅的整個職業生涯致力於研究服裝生產的界線，尤其聚焦在新科技從根本上影響時尚產業未來的方式。他擁護嶄新纖維和材質，且與工程師直接合作，發展打摺、編織與針織的機器，讓他能夠以全新方式創作衣服。在概念探索中，最為人熟知的大膽事業就是以Pleats Please和A-POC品牌商業化販售。

Pleats Please是使用專門為打摺設計的機器為概念生產的品牌線。衣服以簡單的幾何形剪裁，用透氣的人造編織布料構成。這些看起來像不合身長上衣的單品接著會經過打摺步驟，在布料上生成永久固定的細緻皺褶，改變衣服的合身度、動態與整體外觀。事實上，正是打摺機器賦予衣服最終的完成型態，穿上身後，有時會挑戰傳統時尚的美學標準。

A-POC（a piece of cloth，意即「一塊布」）是更深入研究針織和編織技術的成果。三宅與工程專家合作，研發出能夠同時針織與編織多層材質的機器，並在這個過程中，將這些層次預先規劃好的部分連結起來。從機器傳送出來的完成素材，看起來就像一卷不起眼的布料，可以分別剪下，不需任何縫合或額外建構就能穿上身。衣服的合身度與最終造型並非來自傳統的**時尚草圖**（fashion sketching），而是來自機器本身的能力，以及衣服與實際穿著者的互動。

腦力激盪

無論是敘事性、聚焦在生活風格，還是加工導向概念研究的靈感類型，設計師都必須確保盡可能以最廣泛多元的創意方向擴充發展原始想法。這個中心概念的開展，通常會以腦力激盪或心智圖練習執行。

一如工業設計師會提出設計的「爆炸圖」（exploded view），展示組成最終產品的各個獨立要素，時尚設計師也需要拆解他們的靈感，找出構成創意想法的獨立元素的寬廣範圍，接著才能在設計發展階段中靈活運用。

腦力激盪應該要以預告一個時裝系列為前提來進行。因此最好保留在設計過程中會加以研究的元素。這些元素包括：

· 氛圍／態度／感受
· 色彩
· 質地／表面／紋樣
· 輪廓／形狀
· 結構細節
· 造型

下一步是打造**心智圖**。在紙張中央寫下預設的系列名稱或短劇做為核心概念，並將上述六大設計焦點區塊放在周圍。心智圖的每一個區塊都要填入多個字詞，做為發展中的選項。腦力激盪時，所有字詞都要與中心概念連結，同時又勾勒出寬廣的可能性。務必記得，伸展臺上呈現的完整時裝系列，通常以35~50套造型構成，每一套很可能以多件衣服組成。腦力激盪階段的探索寬廣度將提升完成當季的產品系列的多樣性與創意。填寫心智圖的關鍵字時，仰賴的是自我內在審視，從個人經驗和記憶中提取，同時也是外在的研究，如此才能在初始想法之外產生額外選項。

有些設計師會以更有效率的方式進行腦力激盪，例如以錄音裝置，用語音記錄自由流淌的字彙聯想，然後抄寫在紙上。由於腦力激盪步驟建基在術語和語言的創意使用，利用辭典能帶來很大的助益，不過，設計師務必要確保自己清楚理解選用的字詞的意思。

建構腦力激盪圖時，隱喻、擬人化、明喻、狀聲詞、歧義等比喻法，都有助於增加每一個設計焦點的核心領域的選項清單。此外，參考藝術家、攝影師、製片和其他非時尚界的創意專業人士作品，都有助於後續導向更充滿想像力的**設計實驗**。過度倚重當前的時尚參考，常會導致**概念生成**過程衍生過度，而且也過於依賴模仿，而非原創性與創造力。

語言的精確度和含義的清晰度是最重要的；腦力激盪色彩時，「天藍色」（cerulean）或「長春花色」（periwinkle）遠比「藍色」（blue）有用多了。相同地，制定輪廓可能性時，設計師應該要節制使用太過模糊的術語，如「經典」或「高雅」。

腦力激盪會議將成為接下來整個設計研究的基準，從採購和選擇**製造方式**（fabrication）到研究衣服結構，從色彩視覺化到規劃當季的產品系列最終造型，並於**主題照片**或**作品集**呈現。千萬不可小看這個過程的重要性。

腦力激盪心智圖

形狀／輪廓
軍裝風／制服
繭（保護）
銳利幾何／未來感
誇張的身形
冷硬的肩線
魚骨馬甲／馬甲

氛圍／造型
妝髮：
・修容銳利
・冷調／閃亮色調
・黃綠色彩妝打亮
・金屬頭飾
・疏離／不帶感情

秀場造型：
・棄置的工業建築
・閃亮的白色伸展臺

色彩
軍裝風：
・卡其／沙色
・鐵灰
・槍鐵灰

烏托邦／反烏托邦

未來感／外星人：
・白色
・檸檬綠
・電光藍

結構／細節
帶扣
肩章
擋風襟
外縫貼式口袋／打摺貼式口袋／
工作口袋
錯覺
實驗室風飾邊
金屬釦眼

材質／紋樣／質地

閃亮表面：
・上漆／亮澤
・乙烯基（vinyl）
・壓克力
・金屬感
・乳膠

軍裝風：
・迷彩／數位迷彩
・仿舊／破壞處理

雷射切割
3D列印

紋樣：
・錯覺
・政治宣傳
・烏托邦建築
・幾何

研究計畫

完成初始概念或主題的周全腦力激盪後，設計師要執行大規模的視覺功課，也就是搜集與探究，進而構成基準，以便進行更直接的設計發展與**視覺化**。

計畫進行時，必須採用不同形式的研究，才能以最佳方式引導設計的概念生成，包括**次級研究**（搜集已有資料）與**初級研究**（自己的調查成果）。有些設計方法較專注在次級研究，有些則幾乎只仰賴初級研究，需要創造新內容。不管是哪一種研究方法，設計師都會從規劃所需的步驟與時間，累積成所有必要資訊。

無論是初級還是次級研究，可能需要造訪美術館、圖書館、走在時尚尖端的街區、商展，以及當地或國際歷史悠久的地點，因此需準備充分的時間和資金。搜集來的素材對設計發展是必要的，最終會形塑整個系列，因此整個研究都應該在衣服概念構成開始之前完成。

做為通則，研究執行要控制在整體設計發展時間線的百分之十以內。因此，研究的時間長短與整體可用時間有直接關聯。一般品牌每年會展示兩個完整的系列，每個系列各花費十週生成設計，其餘的時間則用於打造**胚布原型**（胚樣）與樣品發展。這表示，這些系列的主要研究通常都在專案開始的七天內完成。設計學生或許會製作規模較小的系列作業，整個學期過程要設計出6~8套造型，不過應適用相同的時間規劃表。

可能影響接下來設計發展階段的常見錯誤，就是設計師無法依照預定時間內做出研究。這會讓系列的概念生成階段被迫縮短，導致創造性與原創性較差的設計結果。

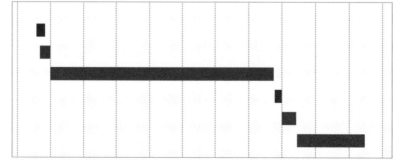

複雜的專案，最好建立明確的日程表安排，有助於全體團隊成員如期進行。

研究過程流程圖

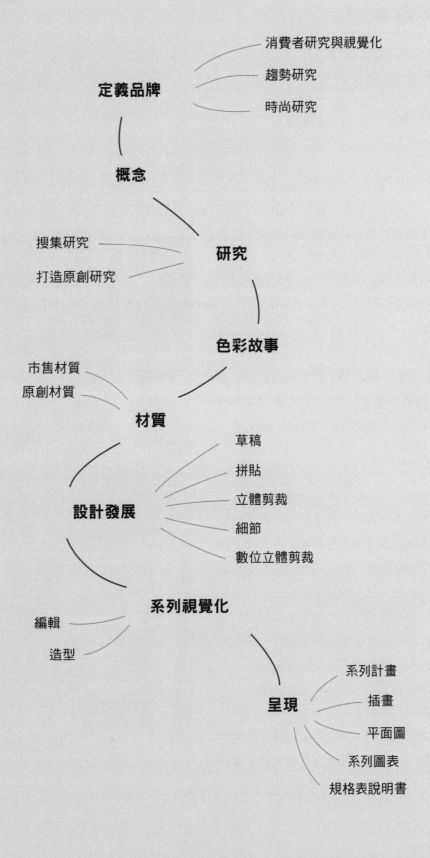

定義品牌
　消費者研究與視覺化
　趨勢研究
　時尚研究

概念

搜集研究
打造原創研究
　　　研究

　　色彩故事

市售材質
原創材質
　材質

　　草稿
　　拼貼
　　立體剪裁
　　細節
　　數位立體剪裁

設計發展

系列視覺化

編輯
造型

呈現
　系列計畫
　插畫
　平面圖
　系列圖表
　規格表說明書

聚集研究結果

雖然次級研究有點違反直覺，不過在學院的研究專案中，通常會在初級研究之前進行。然而，設計師常為了加速研究調查，結合次級研究和初級研究（同時搜集內容與創造內容）。

照片和藝術類型的圖片常常是次級研究的主要內容，因為較容易直接用於設計過程。視覺內容可透過第五章討論的方法，直覺性地轉化成設計選項與衣服想法。

文字素材，如詩、歌詞、小說，也可以為設計師提供寶貴靈感，若與探索的概念或主題有關，應該在此研究步驟搜集。這個視覺化或抽象概念階段，是屬於初級研究，因此將在本章的「打造獨創的研究」段落中進一步討論。

圖書館研究

書本、專題著作、期刊，以及其他出版品，都是搜集研究的主要來源。許多設計師會在職業生涯中逐漸收藏能帶來靈感的書籍，建立個人圖書館，也會計畫在每個系列的開端造訪當地圖書館，進行研究之旅。這麼做可讓設計師從與選定的主題或概念相關的素材中，搜集大量能激發靈感的圖像。書籍等出版品中的創意靈感，通常無法在網路上找到。圖書館或許也能帶來意料外的有趣發現。瀏覽書架時，研究者可能會遇到不在原本研究計畫中的書籍或雜誌，卻從中找到對發展專案極具價值的內容。這就是次級研究中實際動手做的好處，可大幅提升搜集到的素材的獨特性和創意價值，以及最終的設計成果。

Mary Katranzou的2018年春夏秀場靈感板，混合多種搜集來的圖像、原始研究，以及布料靈感。

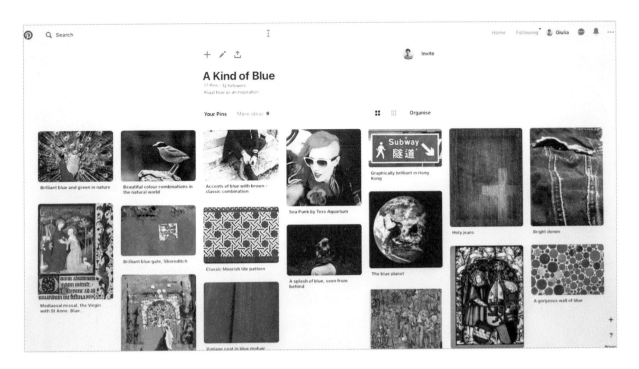

社群網站平臺如Pinterest，在探索和記錄視覺研究時相當有用。

網路和社群媒體研究

現今在網路和智慧型手機上可找到的資訊量簡直鋪天蓋地，需要敏銳挑剔的眼光，以確保資訊品質和相關性。在數位道路上看見圖像時，設計師一定要問自己下列問題：

這個影像的解析度足以讓我使用嗎？ 網路上絕大部分的圖像都非常小，解析度只有72dpi/ppi，因為這樣可讓圖像更容易在數位平臺上分享。小尺寸與螢幕解析度（72dpi/ppi）的圖像，是無法用在設計發展和呈現上的，列印出來後，會顯得模糊或像素不足。這是很明顯的技術問題，會嚴重降低發展中設計專案的整體吸引力。透過數位管道搜集來的圖像應該要有300dpi/ppi的高解析度，才能夠列印。有些特定的搜尋引擎，如Google Images，可讓使用者限定搜尋結果的影像尺寸。透過受認可的資料庫，如WGSN、ARTstor、Vogue Archive等搜集視覺內容，能確保搜集的素材滿足高解析度的需求。

這個影像是否與我的主題或概念在美感上有關？ 視覺研究的數位資料來源，包括Google Images、Pinterest、Instagram等，以內部演算法為基準，向使用者呈現大量篩選過的影像。

演算法以圖像獲得的「讚」數多寡，以及使用者的搜尋歷史為基礎編輯內容。這表示這些平臺傾向展示最受歡迎的內容，或是最符合之前篩選的內容。而這導致搜尋會得到最能預測的數位內容，而非最有藝術價值或創新度的條目。因此，研究者務必確保篩選的影像符合專案所需的美感。由於設計時尚是關於創新，應該要以能夠培養這類思考的視覺研究帶來刺激。

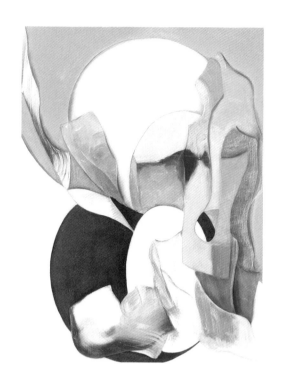

上圖：在形狀、立體感、色彩和氛圍方面，藝術是珍貴的創意資訊來源。《無題》（*Untitled*），萊斯利・萬斯（Lesley Vance, 2013）。

右圖：太多時尚依循週期性結構。1963年的經典電影《謎中謎》（*Charade*）提供過往風格的實用方向。

研究的關鍵資料來源

　　搜集研究的步驟中，會普遍使用各式各樣的資料來源。下方列出的每一種來源既具挑戰性，也有潛在益處，因此了解其價值和可能的易犯錯誤至關重要。

　　藝術：時尚的視覺語言，和藝術的美感表現本質彼此交纏，因此設計師常會在畫家、雕塑家、表演藝術家、街頭藝術家、攝影師與其他藝術家的作品中尋求靈感。由於藝術是有社會意義的創意表現，有助於時尚設計連結更高階的美感語言。要注意，藝術或許可生成有力的創意探索基準，藝術品本身受著作權法保護。在著作權所有者不同意的情況下，直接抄襲藝術作品做為任何商業用途就是犯罪。

　　歷史和經典時期來源：歷史為創意刺激提供珍貴的寶藏。設計師會定期從古代和經典時期衣服的圖像獲得靈感，無論是肖像、攝影紀錄、博物館衣服館藏，或是二手店。也可透過觀察欲研究時期的電影場景布置，或某個時期和經典時代服裝。請以探討欲探討之時期為背景所拍攝的電影為優先（例如《謎中謎》，1960年代初期），或是以歷史劇服正確性聞名的電影如《烈愛灼身》（*Vatel*），適合十七世紀晚期；1930年代可參考《王者之聲》（*The King's Speech*。雖然歷史參考資料能為實驗提供珍貴指引，不過千萬別忘了時尚設計要求的是聚焦於當代美感。單純複製歷史風格可能會讓成果看起來像「劇服」，也缺乏與當前時尚消費者的關聯性。

　　民族和宗教來源：民族族群、部落社會與宗教社群常使用落在商業時尚美感準則之外的服裝單品和文化表現形式。時尚設計師總會認為這些來源新奇有趣，可做為靈感。如伊努特（Inuit）

上圖：原住民文化是織品、形狀、色彩和許許多多的潛在創意靈感寶庫。然而，挪用文化傳承也可能是危險地帶。

右圖：新龐克創造的新趨勢，令設計師獲益匪淺。

大衣、巴布亞（Papua）頭飾，或是馬賽（Masai）串珠技法。請記得，這些服裝風格許多是源於民族信仰，時尚設計師挪用這些風格時，很可能誤觸雷區。要留意與布料、衣服、配件，理解與服裝形式有關的文化背景和靈性價值，是重要的基本原則，也有助於確保最終成果不會造成冒犯。

年輕文化：由許多次文化發展出來的獨特風格。例如龐克、歌德、油漬（grunge）、可愛文化等，都透過以獨特的方式設計與結合衣服，增加風格的視覺光譜。每一種次文化都演變出特定的政治和文化脈絡，常常展現反體制信念。從這些族群中抽取的視覺靈感，應該要被視為與理解成複雜的社會表達，而非只是表淺的視覺參考。

時尚研究：研究當代時尚，有時相當棘手。專注在當前時尚的絕大部分研究，可以有目的地用來為品牌定位和競爭分析（見第二章「時尚研究」），因為這類研究主要提供設計師已經存在於市場上的東西，因此，對發展前瞻性思考和創新設計並不是很有用。搜集時尚研究時，設計師應該要支持可能來自前衛設計師或街頭風格的獨特、原創想法。研究者務必保持警醒，任何複製自其他設計師的技法或風格，都不太可能為創意產品發展和傳遞品牌訊息帶來有效貢獻。

自然和城市環境：許多設計師的靈感取自自然造型（如貝殼、海浪、花朵、樹木）或城市環境，如哥德式教堂或建築師法蘭克・蓋瑞（Frank Gehry）天馬行空的建築結構。研究物品和某些場所的外觀，能為設計過程中帶來很有意思的材質探索，也會是織品發展、表面實驗、輪廓變化與許多其他步驟的寶貴資料來源。需要注意的是，過度聚焦在以物品為主的研究，有時也可能造成結果缺乏人情味。

加百列・維耶納（Gabriel Villena）繪製的速寫，他當時正在搜集資訊，進行直接觀察的研究。

打造獨創的研究

目前所介紹的研究資料來源和方法，都可為設計師提供現成的視覺素材，而這無可避免地有其限制。在可行的研究中填補任何「空缺」的最佳方式，就是創造嶄新原創的研究內容，也就是初級研究。生產原創的創意研究素材有許多技巧，接下來列舉的是最普遍的方法。

觀察性素描：素描一向是強而有力的工具，透過素描記錄事物的過程，或許能更深層地了解被記錄的主題。一件經典年代衣服或建築結構的觀察性素描，能提供對主題細部、表面品質、比例與立體感的進一步理解，這些元素在快速瀏覽圖片研究時常被忽略。採用這項技巧的人，務必要專注在觀察性記錄，而非詮釋。速寫並不適合用來記錄經典時代的衣服，因為速寫會扭曲拉長體型，結果使衣服的比例失準。

攝影／錄像：數位時代使即時記錄視覺資訊變得可行。然而，打算透過攝影或錄像記錄視覺素材的研究者，必須以明確目的使用這些工具，以免拍下缺乏創意設計發展中需具備的明確和美感價值的照片。若是為了記錄，拍下的影像必須充滿細節，包括多個角度和近拍，而且還要有良好光線，提供對手邊主題完整周全的理解。若照片或錄像是為了藝術視覺研究發展而製作，完成的素材必須達到純藝術攝影和錄像的美學標準。

視覺化和抽象感念：以文本和其他非視覺形式構成的研究，可能需要視覺化或抽象概念的步驟，以便生成可用於設計發展階段的研究內容。採用素描、繪畫或拼貼等創作技法，可讓設計師將詩、歌詞、小說，甚至音樂和其他非視覺藝術作品轉化成具靈感啟發性的視覺。

有些初級研究的方法可能採取用說明方式（例如展示文字形容的視覺景象），而較抽象的方法則能製成非常令人興奮的創意結果。自動記述法（automatism）、動態藝術、行動藝術，以部分超越邏輯的方式，轉化文本為主的情感價值，更直接地與藝術性和觀者產生連結。

時裝秀謝幕，穿插濃郁飽和的色調和配色，成果的平衡感引人入勝。

奠定色彩故事

在研究和設計過程中，色彩抉擇是重要的一步。消費者與時尚物件的第一個連結並非衣服結構或設計細節，而是透過更本能的色彩感知。

精心挑選的色彩可以左右消費者是否踏入店裡的第一時間決定。許多消費者對色彩具有強烈、本能，及最主要的，潛意識的反應。雖然難以解釋，配色選擇可以採用某些色彩學理論的核心規則為引導，確保設計成果達到一定程度的意向性和結構。因此，色彩應用的關鍵規則，是非常值得學習的。

色彩在傳達設計師的創意靈感上至關重要。另一個考量的重點，就是色彩組合的敘事性。同樣地，色彩組合有時也會傳達違背設計師意圖的訊息。例如，白色、水色（aqua）、土耳其藍（turquoise）和群青（ultramarine）都可能令觀看者想到溫暖的海，而薰衣草（lavender）、亞麻（ecru）、灰藍（dusty blue）和鼠尾草（sage）可能傳達出與普羅旺斯和法國南部鄉村有關的美感。消費者並沒有注意到設計師的意圖，很可能對展示的產品採取最直接的詮釋，與色彩相關的部分尤其如此。因此，設計師一定要時時留意目標消費者解讀色彩的可能方式。

色彩編碼、專有名詞及關鍵色彩配置

在任何工業生產中，色彩編碼能確保所有參與發展和製作的團隊，皆以相同的資訊為指引。時尚產品線往往涉及數十間上流供應商、廠商和顧問，他們可能遍布世界。因此，用文字說明色彩（例如「雲杉綠」）可能會在工作過程中導致誤解。Pantone和Coloro等公司發展出標準化的色彩編碼系統，讓所有公司都能精確溝通。在設計過程中呈現色彩時，帶入Pantone或Coloro的編碼資訊，都能讓參照資料更便利。

要有效應用色彩，就必須熟悉色彩學的基本術語和核心規則。請參考**色彩輪**，並對照以下專有名詞。

色相（hue）：特定原色的混合色，如天藍（純原色）、紫色（二次色）或橘黃色（三次色）。任何色相都可做為色彩發展的起始點。

原色：原色是藍、紅、黃。這些顏色可以混色，生成色彩輪上的其他所有顏色。

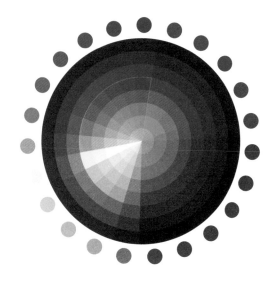

補色

相近色

三等分配色

補色分割配色

矩形雙補色配色

方形雙補色配色

色彩輪：純色相（以色彩輪外圍圓圈表示）被分為深色和淺色。

二次色（secondary colors）：混合兩種原色得出的色相（例：藍色加黃色調出綠色）。

三次色（tertiary colors）：混合一個原色和一個二次色得出的色相（例：藍綠色，或紫紅色）。

淺色（tint）：任何色相與白色混合得出的衍生色。在色彩輪圖表上，淺色最靠近圖像中心。

深色（shade）：任何色相與黑色混合得出的衍生色。在色彩輪圖表上，深色位於色彩輪的外圈。

無彩色（achromatic colors）：白色、黑色，以及灰階，都不含色相。

彩度（saturation）：色調的視覺強度或鮮豔程度。

現在我們已經建立基礎的色彩名詞，接下來就要定義關鍵色彩配置。除了單色配色，下列配色皆可參照上方插圖。

單色配色（monochromatic）：以單一色相構成的色彩配置。不過仍可包含使用淺色和深色，或是搭配無彩色。

補色（complementary）：位於色彩輪直徑上相對位置的兩個顏色（例：紅－綠，黃－紫）。

相近色（analogous）：直接使用色彩輪上相鄰色相的色彩配置（例：藍＋藍－紫＋紫，黃＋黃－綠＋綠）。

三等分配色（triadic）：位於色彩輪上的正三角形的色彩組合（例：紅＋藍＋黃，橘－黃＋紫－紅＋藍－綠）。

補色分割配色（split complementary）：色彩輪上其中一色，以及位於其補色兩邊的顏色所構成的三色色彩配置。

矩形雙補色配色（rectangular double complementary）：色彩輪上兩組距離不相等的補色所構成的四色色彩配置。

方形雙補色配色（square double complementary）：色彩輪上兩組距離相等的補色所構成的四色色彩配置。

這些色彩搭配的標準規則，應做為選擇色彩的基準，不過，設計師在選擇色彩時，別忘了運用創意直覺和美感敏銳度，就如同消費者對色彩的本能反應。如果某個顏色「感覺不對」，那就表示這個顏色應該要被移除。

色彩板（color board）能協助參照，讓設計師決定調色盤如何與視覺主題配合。也可以利用Photoshop，或是以肉眼比對色彩，直接從圖像素材裡，把調色盤汲取出來。

調色盤和顏色條

　　首先，透過**調色盤**發展，確立色彩選擇。調色盤是一系列顏色樣本（或色卡），可運用在系列發展中。可混合不透明水彩或壓克力顏料、從五金行搜集油漆色卡，或利用Photoshop、Illustrator製作色卡，都是很合適的起點。然而，每一個方法都會隨著進程而面臨挑戰：例如設計師可能會在採購織品時受挫。雖然仰賴WGSN或Pecler之類的預測公司出版的色彩預測，能確保採購過程較容易，真正的**創新者**卻常常選擇採用商業預測調色板以外的獨特色相。這表示要在布料上達到準確的顏色，需要與染色實驗室和印刷專家合作，他們的任務就是開發視覺色彩組合。

　　在調色盤中，所有樣本都應該是相同尺寸，以整齊美觀的方式規劃，為印刷開發業者、織品製造者和商品規劃專業人員提供有效的參考。調色盤應該包含系列中將使用的所有顏色，包括**季節色**和**日常色**（中性、米色和咖啡色的深色、深藍色和無彩色）。

　　顏色條（colorbar）是將調色盤中的色彩以特定方式排列，漂亮地呈現每個色彩的建議範圍。以長條形展示，分成不同尺寸的小區塊，每個區塊填入調色盤中的不同色彩。一個調色盤可以生成數百種不同的顏色條，每一款都能表現系列的不同靈感和氛圍。因此設計師應該要使用這個方法，將多種可能的色彩組合視覺化，以便最後做出最佳決策。調色盤和顏色條都能做為布料採購、織品和設計發展以及系列**修訂**的指引。

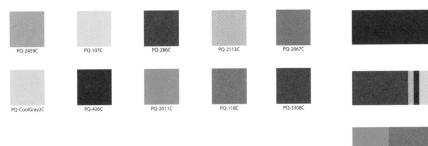

調色盤（上圖）與相呼應的顏色條（右圖）。

採購材料

設計師建立起系列的概念方向，並確立概念將如何擴充成研究主體與可行的色彩應用後，接下來，就進入到採購材料的步驟。材料構成各種設計發展類型的基準，在發揮創意之前，設計師要搜集大量製造選項，以支撐系列的概念生成和實現。採購材料選項中，務必做出幾個關鍵考量，包括在以生產為主的產業中的用途、應用性、市場脈絡，以及可用性。

布料採購的多樣性、用途與價格

　　成功的設計師，每一季都為消費者帶來形形色色的衣服。產品多樣性是確保系列成功迎合買家和消費者需求的關鍵。在搜集布料選項時，預先考量、規劃這些多樣性是必要的。秋冬產品線會展示較多外套和層次穿搭的造型，甚至春夏系列也可能包含多種**女裝單品**（seperates）、夾克、針織、外套等。有效的織品採購應該要從一開始就搜集大量選項、色彩，供各式衣服使用，可在系列成形的過程中逐一增減修訂。

　　另一個搜集布料時要考量的因素，就是最終商品的預設中心價。布料要能在預定的價格帶中，強化並支持產品的價值。例如，為設計師層級的晚禮服挑選廉價的聚酯纖維緞面布料，會產生反效果，因為消費者會不懂為何奢侈產品會使用差勁的材質。同樣地，在中價位市場層級使用奢華的喀什米爾，會使成品價格過高，預設消費者根本負擔不起。

商業產品的採購

　　即使是創新設計師，絕大多數仍抱著賺錢的心才投入產業。除了功能是敘事，並且超出商業考量的範圍**展示品**（showpiece），衣服一定要以能夠用於**生產流程**（production runs）。如此，當系列呈現在買手面前時，服裝就能以**零售業者**的要求量產複製。這表示當地的布料店鋪通常不是材料採購的合適門路。當地布店或許有些有趣且意料外的選項，可做為創意靈感額外來源，但若是為業界開發設計，設計師必須盡量直接從紡織廠（或是他們的經紀人）取得布料。

　　聯絡紡織廠的最佳方式，就是規劃一趟**布料商展**的採購行程。這類商展一年舉辦數次，在全球多個重要地點，就是瞄準**生產者**（與設計師）和他們所需要的上游供應商。新的商展會定期加入行事曆，上網搜尋「布料商展」，就能得到即將舉行的商展資訊。規劃出席織品商展的設計師務必銘記在心，每一個商展都可能專注在不同的市場區間，以產品價格來劃分。

上圖：時尚生產者透過參加Première Vision之類的商展採購布料。

右圖：紡織商展展示用途廣泛的各色布料。

許多布料商展的檔期恰巧也是設計進程的開端，這是為了配合傳統時尚日程。然而，若採購時間剛好在表定時間之外，設計師還是可以直接聯絡紡織廠。許多商展會為參展廠商印製聯絡資訊，是全年度都有用的資源。

無論親自走訪商展，或在淡季直接聯絡紡織廠的經紀人和銷售團隊，以這種方式採購的目的在於盡可能搜集布料樣本，若買家選中系列，都能大量下訂單。許多紡織廠也提供取得**樣布**（sample yardage）的可能性，讓設計師無須訂購整卷布料，也能為系列製作原型。直接和紡織廠共事的另一個重要好處，就是他們的價格通常遠低於布店，因為他們以**批發價**販售布材。

和紡織廠共事必須稍微調整行事曆，提前規劃和增加時間以取得所需的樣本，對任何將重心放在可商業化生產的設計師而言，絕對是值得的投資。

常備與季節性生產

常備生產（staple fabrications），如基本款顏色，在所有時尚系列中皆扮演重要的基礎角色。常備布料很可能每一季固定生產，因為這些布料不跟隨趨勢。府綢（poplin）、斜紋布（twill）、嗶嘰布（serge）、**平織布**、縐綢，以及其他許多布料都是會常態性採購的，不管開發中的特定系列是什麼。許多設計品牌會以常備布料建立核心，通常全年度都備有庫存。

季節性布料，一如名稱所示，僅使用於特定季節款，包括季節性的色彩、印花布料或表面處理，以及符合該季趨勢預測的特定針織或編織材質。雖然設計師可以從布料商展（有些商展專精印花、布料加工、刺繡等）採購布材，許多設計師選擇開發自己的創作布料，做為設計工法的一部分。支持這個創意步驟需要採購基本布材，叫做「**胚布**」（greige goods）。這些布料包括**平紋薄布**（muslin，又稱calico），通常是未完成的布料，可讓設計師應用自己的獨特印花、染色技法、刺繡、裝飾、再造，或是表面加工。

上圖：哥倫比亞品牌A New Cross的此系列主要使用常備布料，強調跨季節的零售潛力。

中圖：織品商展的季節性印花。

下圖：胚布可輕易染色或印花。

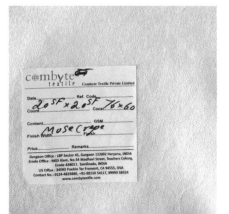

印度織品工廠因染色而造成的水汙染。

布料和材料採購的環境與道德考量

原料提供所有衣服產品的基礎。時尚產業目前正經歷道德和環境實務方面不斷增加的監督,許多這方面的憂慮皆直接源自布料加工。因此務必留意每一項採購的材料的來源與造成的影響,特別是以環境或社會責任為行銷主打的品牌。

纖維的生產和加工,已對地球造成負面影響。即使是自然原料,如棉花,都需要大量使用除草劑和殺蟲劑,嚴重危及生態系統,以及種植者的健康。

織品染色的汙染量也令人擔憂。皮革染色尤其需要使用化學成分,而汙水會頻繁地排放到公共下水道,科學證實與靠近皮革鞣製地區的居民罹癌、肝臟與神經系統疾病的比例較高。

而動物性原料如蠶絲、羊毛、皮革、皮草,與動物福利有直接關係。

以上這些,僅是織品產業令人擔心的一小部分。我們鼓勵設計師和業界的利害關係人,參考書末的「延伸閱讀」,進一步深入研究這些令人憂心的現況。

4. 織品開發

學習目標

· 了解創意織品在系列發展
　中扮演的重要角色

· 認識「表面建構」的運作
　和創意應用，包括平織和
　梭織

· 研究染色應用的技術背景
　和藝術可能性

· 認識印花和紋樣布料的類
　型與創意應用

· 分類裝飾性表面並評估美
　感特性

· 在時尚中引進雷射切割的
　技術和美感應用

· 研究影響時尚產業的新科
　技和製造過程

創意織品開發

原創布料的開發和使用，對於追求在時裝系列中展現強化品牌願景，或是帶來獨一無二材質的設計師與**產品開發者**而言非常重要。

服裝的功能性需求，往往會限制設計師在**輪廓**和**結構**的發揮範圍以維持實穿性。在許多情況下，這表示布料成為主要的創意遊樂場，為產品創造關注力和價值。

設計時裝系列同時需要對材質加工的深度認識，以及應用材質的能力。規模較小的時尚公司，可能會將織品設計的責任交託給設計或產品開發團隊，這表示時裝設計師有機會直接開發材質，或是與專門開發的織品專家近距離進行創意合作。

本章將說明設計師和產品開發團隊採用的各種創意織品開發方法，從傳統的工藝取向，到最新的科技加工技術。先來認識織品的專有名詞吧！

核心織品專業術語

纖維（fiber）：纖維是構成織品的最小要素，有天然材質（例如蠶絲、棉花、羊毛、亞麻），也可加工製造（嫘縈、聚酯纖維、尼龍）。自然存在或製成短段狀的纖維稱為短纖維（staple fibers），經採收或製成單一延續的長絲線的纖維叫做長纖維（filament fibers）。

紡紗（yarn）：一條線通常是由多條纖維紡或撚成。最細緻的人造材質長纖維紡紗可由單一未紡撚纖維製成。

製法（fabrication）：布料的製作加工就是操作纖維而成。縮絨（felting）是纖維構成的製法，梭織和針織則是以紡紗構成。有些材質如聚乙烯醇（vinya）和聚氨酯（polyurethane）是透過固化塑膠法製成，意即製作過程與纖維或紡紗無關。

加工（finishing）：應用在織品上，完成製程使其可銷售的工法。加工可以是增添美感用，如印花和壓花（embossing），或是增加功能性，如防火或煮沸。

對頁：原創梭織、印花與針織材質的層疊搭配，開啟意想不到的創意可能性。

表面建構

除了毛皮和獸皮，如皮草和皮革，絕大多數的時尚材質都適用以下兩大分類：梭織與針織。即是以將紡織變成可使用之布料的**製造**工法類型來區分。兩種製作方法的技術特性不同，因此各自具有獨特的創意潛力。

梭織製作

做為製造布料的方法，梭織（weaving）的歷史早在人類文明初期便已出現。事實上，梭織在公元前9000年的新石器時代，起初用蘆葦編製籃子與其他容器。

梭織的作法是交錯排列兩組紡紗。完成的布料中，所有沿著長邊方向排列的紗線叫做**經紗**（warp），沿著短邊的叫做**緯紗**（weft，或稱filling）。這種交叉排列材質絲線的工法，可以打造出經久耐用有彈性的表面，適合立體剪裁和裁製男裝。

組成經紗和緯紗的紗線，賦予梭織材質穩定性和強度，這也是為何絕大多數的衣服都會以垂直於梭織物的**布紋**（grain，與**布邊**平行的長邊方向）的方向完成衣服。另一方面，講求流暢和柔和感的衣服，可以以布紋的45度裁切打版，製成整件衣服。

多數梭織物都屬於下列類型。

平紋梭織（plain weave）：此處結構中的經紗和緯紗每一次交會時都會交叉。平紋梭織普遍應用於製作襯衫的絲質布料中，如府綢（poplin）和塔夫綢（taffeta）。

牛津布（Oxford）：在此一平紋梭織的變化中，兩組或更多紗線會構成單一紗線。完成的效果近似籃狀編織的表面。

斜紋平紋針織布（twill）：斜紋布的每一排紗線延著非常簡單規律的紋樣，特色是在每一排的固定數量中移動整體結構，做出與表面呈對角線的紋路。牛仔布（denim）、嗶嘰布、斜紋布（drill），都是這類斜紋布。

人字呢（Herringbone）：這是斜紋平紋針織布的變化，完成的布料帶有交錯斜紋質地。是常用於製作西裝、外套、襯衫與大衣的布料。

緞紋平紋針織布（satin）：拉長經紗和緯紗之間的距離，使完成的布料表面充滿光澤。通常這項技法需要第二道經紗，才能賦予布料可使用的結構。這就是為何許多緞紋布又稱為緞面雪紡，（satin-faced chiffon）、緞面歐根紗（satin-faced organza），或是縐背緞紋布（crepe-back satin）。

縐綢：這個術語意指一整個具某種特殊性質的布料家族。縐紋布通常表面帶有顆粒感，觸感像海綿，具有富彈性的活潑垂墜度。縐紋布需要非常複雜的梭織圖樣和高度加撚的紗線，賦予完成的布料柔和的彈性。輕薄的縐紋布包括喬其紗（gorgette）和雙縐綢（crepe de chine），不過縐紋布也可製成適合縫製男裝的高磅數布料。

複合平紋針織布（complex weaves）：任何在單一材質中結合多種前述結構的布料，都可視為複合平紋針織布。多臂（dobby）、**提花**（jacquard），錦緞（brocade）都屬於此類，這類平紋針織布的質地效果和圖樣皆極為複雜精緻。

梭織布料的方向

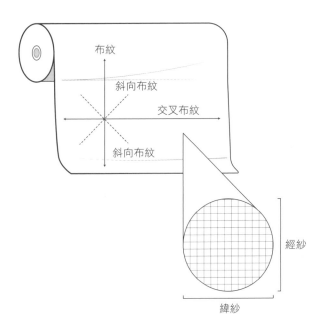

布紋
斜向布紋
交叉布紋
斜向布紋
經紗
緯紗

梭織布料的標準結構

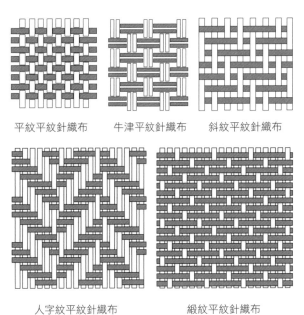

平紋平紋針織布　　牛津平紋針織布　　斜紋平紋針織布

人字紋平紋針織布　　　緞紋平紋針織布

　　梭織工法本身就提供許多創意實驗的機會，這些全都能夠輕易以小型手工織布機做出實驗想法用的的樣本。任何在織布樣本上視覺化的想法，接續發展下去，也許就可成為與專業梭織場合作的出發點，生產成碼的布料。

　　質地。選擇花紗，如毛圈紗（bouclé），或是各種不同顏色與表面性質的紗線，可以**製造**出外觀極為有趣的梭織物。許多時尚品牌固定使用一種固定質地的梭織物，做為品牌訊息的一部分。Chanel會固定開發客製化的季節變化款粗呢（tweed），將梭織的創造力提升到奢侈品的新境界。實驗帶有質地的梭織物的設計師，必須考慮到可使用的材質的多樣性，從鬆軟的安哥拉兔毛紗線、Lurex金蔥、粗獷的麻，到閃亮富光澤的漆皮細條。這些選項必須以開發中概念的創意和敘事需求，以及樣本的功能用途為準則，接受評估和篩選。

　　條紋和格紋（stripe and checks）。平紋針織布的本質就是以兩個不同方向交錯排列紗線，使其意外容易創造出條紋和格紋。透過單純地變化經紗和緯紗的紗線顏色，設計師就能打造出各色幾

何紋樣，從簡單的細條紋（pinstripe）到最繁複的蘇格蘭格紋（tartan）。

　　時尚產業中絕大部分的條紋和格紋平紋針織布，都是以這個方法製造，而不是在素色布料上印圖樣。因為使用染色紗線的梭織條紋可確保材料的壽命更長。這些通常指設計開發過程中的**色紗織物**（yarn-dyed fabrics）。

　　從質樸的塔特薩爾格紋（tattersall）和嘉頓格紋（gingham）到充滿正式感的粉筆條紋（chalkstripe），從傳統的千鳥格（houndstooth）到充滿趣味的未來感錯覺條紋，布料的創意有無限可能。

　　至於設計條紋或格紋圖樣，最理想的第一步，就是利用傳統的素描和藝術媒介將設計視覺化。確立初步的設計方向後，使用專門的梭織數位軟體比手工實驗嘗試更加快速，尤其是這些條紋和格紋布料必須以極細的紗線製作。若對Pointcarré、Dobby或Textronic Design Dobby等軟體基本熟悉度，在與布廠溝通設計想法時將會大有助益。

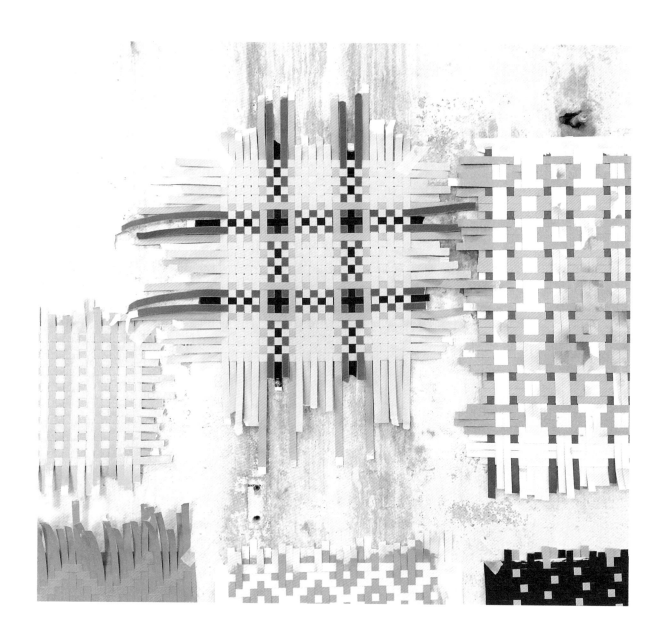

文化認同與蘇格蘭格紋

蘇格蘭格紋的歷史悠久,在凱爾特文化(Celtic culture)中具有重大意義。特有的蘇格蘭格紋圖樣可以表明該人屬於特定氏族或家族,穿著者會滿心驕傲,因為這是身分和榮耀的象徵。

使用蘇格蘭格紋布料的設計師,應該要清楚了解這份文化脈絡,尊重其歷史價值。直接與愛爾蘭或蘇格蘭布廠合作開發時尚品牌專屬的蘇格蘭格紋,就是在向這豐富迷人的文化傳承致敬。

繁複的梭織。多臂織物、提花織物和錦緞皆使用多種梭織結構,以達到錯綜複雜的表面質地和圖樣。這些織物通常以絲和棉等細紗線打造出適合**衣服**用途的輕到中磅數布料。由於這些布料的組成繁複,手工製作實驗樣本極為困難。提花或錦緞的設計應該要先以手工或電腦設計(如接下來會談到的印花設計),再以專門的梭織設計軟體轉化為梭織圖樣。

複合梭織的解釋

許多時尚產業的專業人士使用「多臂」、「提花」、「錦緞」，還有「花緞」這些術語的方式，可能會讓人暈頭轉向。每一個術語都有明確的意思，因此應該要精準地使用。

多臂織物：多臂布料的表面呈現簡單的小型幾何質地圖樣，如條紋、菱格紋或圓點。多臂布料普遍製成適用於襯衫的磅數。織品設計師也會以「多臂」一詞指稱專門用來製作這種布料的梭織機器類型。

提花：多種顏色的平紋針織布料，帶有花朵之類的複雜精緻圖樣。有些提花兩面都有梭織圖樣，有些提花布料的背面則可能有未梭織的紗線，稱為「浮紗」（floats），這種情況下，布料的用途就限於有裡襯的衣服和領帶。梭織工人也使用「提花」一詞指稱用來生產許多繁複梭織織品的特定電腦化織布系統。

錦緞：多種顏色的複雜梭織，帶有繁複精緻的圖樣和質地。錦緞通常意指製作外套或配件的高磅數布料。名稱衍生自義大利文「broccato」，意思是「壓花布料」。

花緞（damask）：兩面皆有花紋、帶有質地的中高磅數平紋針織布料，普遍用於外套、大衣和配件。傳統上花緞只會有兩種顏色，不過也生產做出多彩圖樣的變化款。花緞源自大馬士革（Damascus），位於現在的敘利亞。

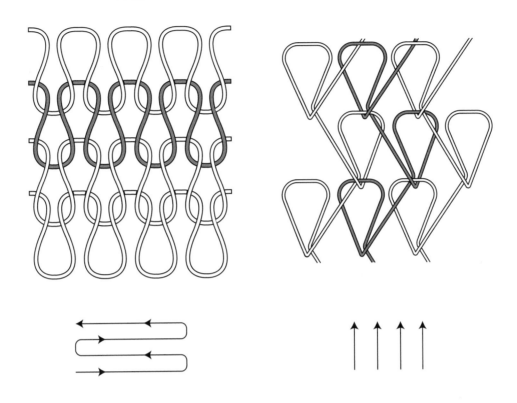

緯編　　　　　　　　　　　經編

針織構造

不同於梭織中經紗和緯紗交錯，針織布料是透過紗線本身，或其他紗線的紗圈互相串起。以這種方式製作的布料有兩個明顯的特點，使其和平紋針織布料不同：隔絕性和伸縮性。

針織家族可分為兩大類別，其中涵蓋各種材質，分別是**經編**（warp knitting）和**緯編**（weft knitting）。經編類別中，完成布料的紗線主要呈現縱向。形形色色的織物都屬於這個類別，包括特力可得（tricot）、PK布（knit piqué）、拉歇爾（raschel）、米蘭尼斯（Milanese），經常被運用在運動服裝和女性內衣等特定市場中。由於縱向針織的複雜度極高，主要以機器生產。

緯編的紗圈呈現橫向，透過以特定方向排列針腳和**反針**（purl stitch），最常用於創作俐落的直線，稱為「**經圈**」。**平紋針織布**、蜂巢紋凹凸

織物（waffle knit）、羅紋（rib cable），以及**費爾島針織**（Fair Isle）等許多織物都屬於緯編。

手工製作經編織物的挑戰性令人退避三舍，使用較厚實紗線（毛衣磅數級以上）的緯編則能輕鬆透過手工技法做成樣本，只需要發揮創意安排簡單的針腳即可。

針織衣服可分為兩種類型：**縫製針織衣**（cut-and-sew knits）和**成型針織衣**（fashioned knits）。縫製針織衣的結構是採用一整塊細緻針織布料，如單片平紋緯編布、刷毛布（fleece）或PK布，剪下衣服裁片後以**拷克機**鎖邊。能以較短的時間製作出成本較低的衣服，但會造成些許布料浪費。

反之，成型針織衣使用特定針織法，尤其是稱為「減針法」（decrease）的技巧，以紗線直接打造出衣服裁片的形狀。接著連結起這些裁片的邊緣，就做出完成品了。這項技法較常用於毛衣

對頁：古又文（Johan Ku）打造的這款造型使用　　　實驗性針織技法。

磅數的生產，費用略高於縫製針織衣。不過在生產過程中可確實排除材料的浪費。

　　雖然使用在縫製針織衣結構的織物通常以磅數論（每一碼的盎司數，或是每平方公尺的公克數），毛衣磅數等級的針織衣服最常以「**規格／針織密度**」（gauge）。這個術語是指橫向測量一排1英寸（2.5公分）緯編織物上的針數。因此，12G針織比4G針織物更細緻。使用的紗線尺寸會經過計畫，符合研發中所預期的針織密度。

　　緯編提供大量創造與實驗的機會，無論是手工製作樣品，或是利用相對使用者友善的針織機器。上述有些技法的重點在於色彩搭配，有些技法的目的則偏向增加質地和表面的趣味。

　　條紋。由於緯編織物以一排排線圈建構，要製作條紋真的非常容易。單純變化任一排的紗線顏色，就能織物增加視覺趣味。一如梭織條紋，針織條紋也可以從簡單的布列塔尼條紋（Breton stripe）變化到最繁複的圖樣花紋。也可運用主要以光澤度或質地而非色彩為差異的紗線，製作出非常隱約的條紋。

　　引塔夏花紋。有一種可創造較複雜的多色針織，是使用一種叫做「引塔夏」（intarsia）的技法。此技法在針織布料上特定區塊加入不同顏色的紗線。在這個技法中，紗線以特定方式製成單層布料，展現各個區塊的顏色。任何圖樣都可以做為引塔夏設計的出發點，從花朵到幾何圖形皆

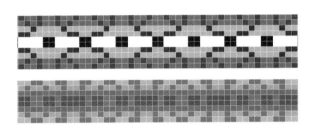

引塔夏、費雷島和雙面針織的設計

這些技法的圖樣，能在紙上或電腦螢幕上輕易視覺化。此步驟可提供眾多設計選項的**概念生成**的機會，接著才花費較多時間製作針織樣本。

設計師應該先彙整所有將用到的顏色，並採購選定紗線的顏色樣本。

將針織圖樣視覺化需要用到針織密度／針數圖表，也就是簡單的圖形圖樣，表示完成的織針布料中每一個針腳的實際尺寸。接著，每一個針腳可手工或用電腦上色，以便預先檢視實際織物可能的模樣。

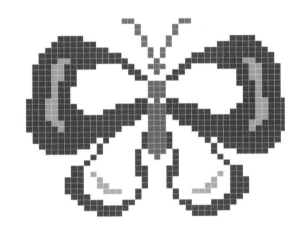

利用針數圖表視覺化的費雷島花紋（上圖）和引塔夏設計（右圖）。

可。起源於蘇格蘭的菱格紋針織（Argyle knits）就是引塔夏技法的特殊變化。

費雷島花紋和雙面針織。在任何一排加入兩條紗線（而非一條）就能創造出變化相當複雜的緯編織物。此技法可讓編織者在任何時候選擇欲使用在布料正面的紗線與顏色，因而創造出精緻複雜的花紋。費雷島織物的反面顯示出罕見的橫向走向紗線，雙面針織織物則兩面都是完成的針織表面。

單純富質地變化的針織。變化針織針腳和反針的順序，就能創造更耐人尋味的表面，在特地區域出現斜紋或凸紋。此類型包括每一排的針腳和反針都以規律順序排列的羅紋針織，也有較繁複的蜂巢紋凹凸針織、棋盤格針織（checkboard knits）或人字紋（chevron），都需要更複雜的針腳安排，才能達到預期的效果。

麻花和針織蕾絲。一般基本的針織技法很容易就能上手，不過當然有更具挑戰性的技法，創造出複雜的視覺效果。最簡單的針織就是將針腳穿入經圈，但是也可以將一整組針腳在每一排新的線圈往側面移動。這麼做可創造出斜向或波浪般的質地變化，也就是稱為「**麻花編織**」（cable knits）的針織布料大家族的核心。

也可以採用單一針腳，然後將之一分為二，生成新的線圈列。如此能在織物中創造明顯的孔洞，可以刻意用做裝飾元素，例如針織蕾絲。

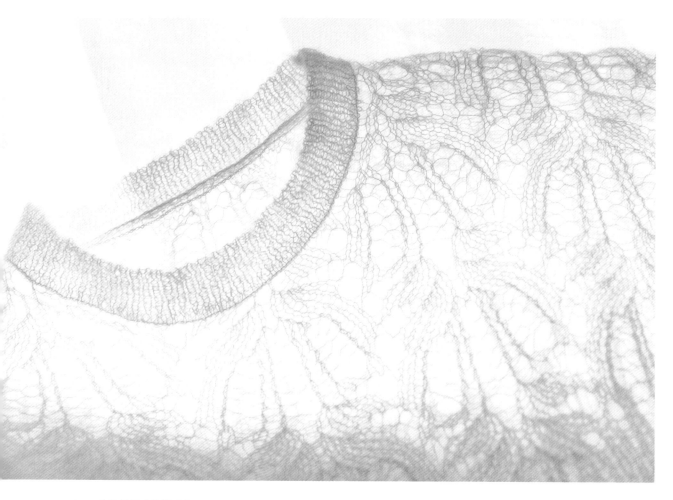

Delpozo的輕量麻花針織毛衣。

非傳統手法

　　在時尚市場較有創意的區塊中，許多於此耕耘的設計師，一直在挑戰傳統的製作方式。透過研究較少見的製作手法形式，這些設計師重新定義工藝和工業製造之間的界線，或是大膽投身高科技的全新競技場。而傳統工藝如縮絨、編繩（macramé）、辮織（braiding）、鉤針（crochet）、棒槌蕾絲（bobbing lace），以及許多其他編織技巧，都為重新發現與再創造時尚織物的結構提供豐沃的土壤。

　　梭織、針織和辮織的創新科技也發展出新型態的時尚產品，例如3D針織跑鞋和無縫平紋針織布料衣服。這類對製造過程的科技重新思考，實際上主要是透過與研發機器的工業工程師密切合作所達成，確實為時尚產品的發想時尚產品帶來新的可行之道。

染色應用

做為系列發展的過程，染色技術就是織品創意探索的另一個競技場。當然，系列研究時採購的許多織物已經帶有特定色彩，不過染色技術能帶來更多可能性。

染色是化學加工，染料分子會以化學性附著在纖維上。不同的纖維需要不同的染色類型，才能讓化學反應正確產生，概述如下表。

另一個需要考量的重點，就是纖維染色是最嚴重的環境汙染源之一，製作過程會排放有毒廢棄物。

染色類別與欲使用的纖維		
染料類別	適用纖維	技術要求
直接染料（Direct dyes，又稱 Susbtantive dyes）	纖維素纖維，如棉花、亞麻、蕁麻、媒縈	高水溫和鹽
酸性染料（Acid dyes）	蛋白質纖維，包括蠶絲和羊毛	高水溫和乙酸（醋）
鹽基性染料（Basic dyes）	壓克力	高水溫和乙酸
反應性染料（Reactive dyes）	蠶絲、纖維性纖維如棉花	絕大部分的反應性染色皆使用冷水和鹽。
分散性染料（Disperse dyes）	主要用於合成纖維，包括聚酯纖維、尼龍和壓克力。	有些分散性染色需要加壓染缸，以達到必要的染色溫度（130℃）。
媒染料（Mordant dyes）	適用材質廣泛，取決於染料和選用媒介的特定組合。	這類染色法是出名的複雜和多變化。天然染料就是這個類型的一部分，鉻媒染料則普遍用於染色羊毛和皮革。部分染色法必須用到的化學物質會造成環境汙染。
還原染料（Vat dye）	纖維性和蛋白質纖維	還原染料包括藍染（Natural indigo），必須經過化學性溶解，使其附著在纖維上。染色過程中需暴露在氧氣中，使其還原成預期的顏色。
偶氮染料（Azoic dyes）、硫化染料（Sulfur dyes），以及其他顯色染料（Developed dyes）	適用於各種織物，取決於使用的特定染料類別。	這些染料必須在纖維上混合兩種以上的化學物質，生成染料分子。這些染料的色牢度結果極佳，卻會用到造成環境汙染的化學物質。

染色普遍需要用到大量的水、能源，以及有害的化學物質。對任何將焦點放在負責任的環保採購與生產的品牌，了解這些隱憂至關重要。過去幾年來，Colorep 和 Cotton Incorporated 等許多公司和貿易組織，一直在研究對環境傷害較小的染色和印刷技術。

創意染色技法

染色為設計師和產品開發者提供無邊無際的創意可能性，從最單純的色彩應用，到複雜度極高的藝術表現。在開發的任何階段，都能將色彩應用在織品上，因此對創意變化帶來大量機會。在紡紗之前先將纖維染色，可用於生產多色或混色（heathered）紗線。在製程布料之前先將紗線染色，就能製作色紗條紋和格紋，在梭織或針織布料上應用染色，可創造出色調一致、明暗變化或鮮明的外觀。這些應用在紗線和布料染色的主要技術概述如下。

甕染法（vat-dyeing）：使用染浴（dye bath，如鍋子或工業染缸）為紗線或布料染色，都叫做甕染法。這項技術主要用來達到均勻一致的上色，也能以創意方式開發使用。甕染工法是製作客製化顏色的傳統方式，因此無法在市場上找到現成顏色原料的設計師，就要利用甕染法的混色創意可能性。要透過混合染料得到特定的顏色結果，必須同時具備該技法的知識和實作技術，在建立品牌獨有的色調時，是極具價值的工具。

浸染法（dip-dyeing）：許多染色方法的目的都是為紗線或布料部分上色。這種工法叫做浸染法，此技術透過將原料分區塊重複浸入染浴，達到漸變而非單一均勻的顏色。最傳統的浸染產品一般稱為「漸層」布料。也可以利用浸染技術發展出更多彩具創意的有趣成果。

防染法（resist-dyeing）：在布料上施加蠟、漿糊或樹脂，可以防止布料的特定區塊吸收染料。這種作法構成一種織品加工類型的基礎，稱為防染法或蠟染法（wax-dyeing）。由於可以利用相對單純的工具輕鬆創造出複雜的設計，許多不同文化中都採用這個技法。此技法家族中最有名的布料就是印尼的蠟染（batik）、日本的筒描，以及奈及利亞的約魯巴藍布（Yoruba）。

「防染」一詞有時候也用來通稱涵蓋所有防止染料進入纖維的染色技法。事實上防染法包含上述各種技法的變化，以及利用加壓防止染色的加工法，意即「紮染」（tie-dyeing）。

上圖：日本絞染，傳統紮染技巧。
對頁：Antoni and Alison推出的染繪造型。

紮染：在欲染色的布料特定區域施加壓力，就能防止這些區塊吸收染料。此技法可以將布料綁起或打結，或使用各式各樣的工具，如固定夾、橡皮筋、繩線、木板。有一種特別的紮染技術源自公元八世紀的日本叫做**絞染**（shibori），大量運用在時尚產品中。

染繪（fabric-painting）：一如用墨水在紙張上揮灑作畫，染料也能直接在布料上作畫。不過，這項工法會遇到一些技術上的挑戰。其中一個難處，就是大部分布料的吸收性都很高，導致染料很容易「暈開」。這個問題可透過在布料的小區域塗上合成防染劑來補救，如此一來，就能防止染料滲透到沒有塗防染劑的區塊。另外，依照不同類型的布料挑選染劑，加熱後才能產生染色反應，也是必要技術。在室溫下繪製布料後，要經過蒸煮或烘烤。也可以考慮採用不需高溫的反應性染料來繪圖。

有一種稱為「依卡」（ikat）的技巧，是在製作平紋針織布料之前，先將經線上色。完成織物上的設計花紋就會產生極具辨識度的模糊效果。

印花與圖樣

印刷技術的發展，使生產色彩繽紛的圖樣織物變得快速又容易，而且更便宜。現今時尚市場中三種主要印刷技術，分別是凸版印刷、絹版印刷，以及數位印刷。

凸版印刷（woodblock printing）是將設計圖樣刻在木板上，然後在布料上蓋印出顏色。這項技術非常古老，不過至今仍用於製作織品，如印度繪染棉布（chintz）和佩斯利（paisley）。

絹版印刷（screen printing）被認為約在公元1000年初期源自中國。自此，這項技術沒有太多變化。絹版印刷機械化後，可以大量生產，但核心原理沒有改變。絹版印刷是利用孔版（一張網紗屏障），選擇性地施加染料或色料。通常一張絹版只能印刷一個顏色，最終印刷的圖樣是以各個區塊仔細對版的平塗顏色組合而成，因此通常稱為「**平面印刷**」（graphic print）。絹版印刷的優點，就是可以在布料上施加膏狀物質，如此就能印出不透明色粉料印刷、塗上黏著劑製作植絨（flocking）和金箔銀箔（foiling），或是用來製作**燒花**（burnout、dévoré）的酸性印糊。

數位印刷（digital printing）使用先進的機械設備，原本開發做為辦公室和商業印刷，可將圖像直接從電腦螢幕印到布料上。由於加工方式簡單，在開發嘗試**照相印刷**（photographic print）設計時，數位印刷成為尤其重要的工具。數位印刷的限制主要有兩大因素：色彩品質與費用。由於數位印表機在布料表面噴墨的方式，印花較容易褪色，而且不容易比對顏色。數位印刷的速度緩慢，因此費用遠高於絹版印刷，生產大量印刷布料時尤其如此。

上圖：Boryana Petrova這套造型結合了凸版印刷、數位印刷和裝飾。

對頁：Mary Katrantzou在2018年秋冬系列中，大量使用數位印刷。

發展印花設計

發展印花設計的第一步，就是要決定用平面製圖（graphic）還是拍照取圖（photographic）、如何使用為整個系列的概念方向搜集的創意研究，以及該是定位印花（placement print）、滿版重複印花（all-over repeat print），還是特殊定位印花（engineered print）。每一個選擇既是機會也是挑戰，務必在設計過程中妥善處理。

定位印花是將設計定位在布料或衣服的特定區塊。圖案印花T恤就是很好的例子，因為生產容易且視覺效果強烈，這類印花在業界某些領域運用廣泛。位於市場較高級別的品牌，試圖吸引較年輕的客群時，常會利用定位印花以達到效果。

發展定位印花相當簡單。從各方面來說，任何能在紙張上畫下或設計的內容，無論利用絹版印刷還是數位印刷工法，都能輕鬆印在布料上。設計師必須注意，定位印花的擺放位置應該要確定不會和縫線（seams）或縫合褶（darts）重疊，因為這些結構區會造成印刷過程的困難。

滿版重複印花是先將布料印在織品上，然後才進行衣服的裁片和縫製。從H&M的大眾市場洋裝，到Viktor & Rolf訂製等級的女襯衫，滿版印花在時尚產業扮演重要角色。

設計滿版重複印花並不容易，不過只要少許細心和耐心，就能快速上手。這是最能夠持續產生效益的技能，因此絕對值得初期投資時間。

圖案的重複通常以主要印花單元為基礎，往上下左右複製。設計越大，單元也越大。中心結構的重複方式可以採取標準的正方形圖樣，也就是「磚塊重複」（brick repeat）的橫向矩形模式，或是稱為「半降」（half-drop）的直向矩形模式。圖案單元也可設計成水平鏡射或垂直鏡射的重複方式。圖案單元可以手工繪製、數位製作，或是結合兩者。設計師首先要決定採用的重複類型，然後才讓基本單元中所需的設計元素就定位，精

三宅一生的襯衫和西裝，皆使用滿版印花。中國時裝週，2014年。

心安排位於設計邊緣的元素。除了簡單的幾何圖樣，設計越繁複，觀看者就越難辨識出主要圖案單元，通常代表這是更加時尚取向的印花。

重複印花設計的主要目的，是在布料上創造無縫的流暢視覺印象，因此出色的重複印花應該要顯得一致又完整。（編註：進一步學習重複印花設計，請參考積木文化出版《圖案設計學》。）

工程印花（engineered print）是以全然立體的圖樣為發想，布滿衣服，完全切合所有縫線、縫合褶和鎖釦（closure）。這是最高階的印花設計型式，必須對印花開發和衣服結構有全面性的理解，才能進行。

開發工程印花要從速寫開始，決定衣服各個角度的造型。接著，設計團隊利用已完成的**胚布原型**（胚樣）打造出完全符合衣服的立體形狀設計，同時間，印花設計團隊會負責修飾和完成將構成最終印花的多個元素。

解決胚布原型和印花元素後，就能將所有設計元素直接描、畫或貼在胚樣原型上。印花安置好後，就可沿著所有縫線處剪裁打開原型，將設計圖樣還原成可印刷的平面形式，呈現衣服個別裁片的形狀。這些裁片會經過數位化、整理，然後安排成單獨一張可印製的**排版**，接著就能印在最終布料上。

工程印花中，有一項技術問題務必經過審慎思考，那就是許多印刷過程可能會導致布料收縮。這點必須經過測試，預防方法可採用防縮布料，或是在設計過程中使用逆向工程（reverse-engineered）技巧。

Gerber平臺等專用數位軟體，能大大降低這項製作法的難度，然而對於較小型的設計團隊而言，並不容易取得，因此能熟練地以手工打造工程設計的重要性極高。

2008年春季的Dior高級訂製服的工程印花走上伸展臺。

裝飾

時尚產業在幾乎所有的市場級別，都會大量使用裝飾表面。裝飾的意思是為基底織物縫上或貼上線、串珠、亮片或布料，而且在這個龐大的家族中，有數百種不同技法。

裝飾（embellishment）的歷史就和人類文明一樣悠久。古代文化中，會以**刺繡**和**串珠裝飾**布料以美化衣服，也是為了表現富裕與社會影響力。許多裝飾技法非常耗時，尤其是直到機器刺繡問世之前，使用裝飾就是明顯的財富展示。

許多文明在發展具有文化意義的服裝時都運用了裝飾，從中亞的鎖鏈繡圖樣、**英式羊毛繡**（crewekwork）、非洲的桑布魯串珠（Samburu beading），到美洲原住民巫醫的儀式長袍。當代設計師一定要深入研究這些織品設計類型的文化含義，避免不恰當挪用某個文化傳統的風險。

生產大量裝飾織物時，設計師可以選用機械化裝飾，或是選擇和手工刺繡的上游供應商合作。雖然歐洲尚有少數手工刺繡工房，現今許多刺繡公司轉而到南亞設廠，因為該地區不僅有裝飾製作的傳統，而且也有大量便宜的人工。

專門製作手工裝飾的工作室通常使用「**繃框**」（tambour，源自法語，意思是「鼓」），這種笨重的框架，用於撐托大段布料，刺繡工匠必須使用專用的刺繡鉤針（tambour hook）。相較於直針刺繡，這種刺繡鉤針的製作更迅速，不過必須經過特別訓練。設計師應該要思考裝飾的創意潛力，從以直針技法製作樣本表面做為開端。這些樣本從創意開發進入生產階段後，可以轉為機械化或繃框裝飾。

Delpozo的裝飾細節。

刺繡

刺繡可以單純定義為縫紉技法的裝飾用途，只需要布料和針線。使用的繡線（或絲線）粗細取決於開發中的獨立設計，用在時尚產品上的基本刺繡針法都能獨自一人輕鬆上手。

牛仔褲後口袋的明線設計就是簡單但有力的刺繡使用範例。有創意地運用基本針法，無論是手工或機縫，都可能產生精彩的繁複奢華外觀。基底織物的選擇和刺繡的密度，都應該以布料的最終效果和使用做出明確決定。

Dior高級訂製服中使用的相同針法，其實也廣泛運用在大眾市場的童裝和工藝織品製作。因

手工刺繡常用針法

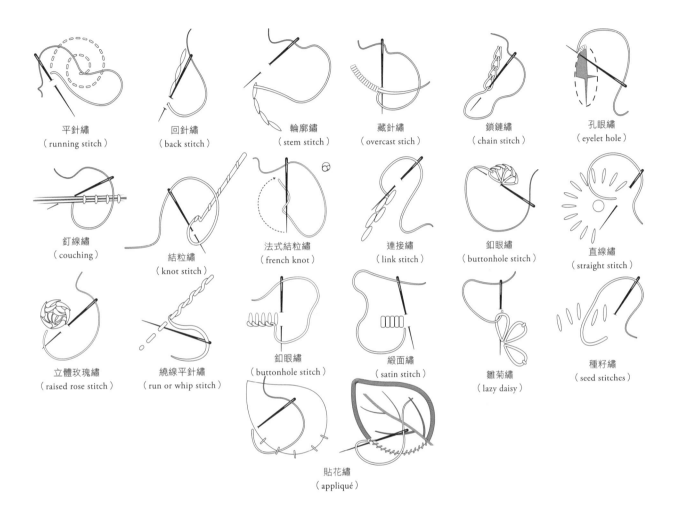

平針繡
（running stitch）

回針繡
（back stitch）

輪廓繡
（stem stitch）

藏針繡
（overcast stich）

鎖鏈繡
（chain stitch）

孔眼繡
（eyelet hole）

釘線繡
（couching）

結粒繡
（knot stitch）

法式結粒繡
（french knot）

連接繡
（link stitch）

釦眼繡
（buttonhole stitch）

直線繡
（straight stitch）

立體玫瑰繡
（raised rose stitch）

繞線平針繡
（run or whip stitch）

釦眼繡
（buttonhole stitch）

緞面繡
（satin stitch）

雛菊繡
（lazy daisy）

種籽繡
（seed stitches）

貼花繡
（appliqué）

此最重要的是仔細留意這些技法如何應用，確保完成品的商業價值。

珠飾

珠飾是使用縫紉技法，將細小的、水晶或寶石和半寶石固定在布料上。依照設計和材質的類型，珠飾在傳統上與歐洲貴族服裝、好萊塢魅力、民族服裝有關，而且今日仍主要應用在這些核心敘事脈絡中。

珠飾本身堅實緊密，因此必須精心安排，才不會妨礙縫線或縫合褶；要在布滿珠子的布料上車縫是不可能的。使用的串珠類型與數量也要審慎決定，同時要記得其重量與完成品的功能和實穿性。

亮片裝飾。這種圓片狀的串珠，長久以來運用在多種傳統裝飾風格中，十九世紀晚期到1940年代，亮片裝飾逐漸成為受歡迎的時尚。這段時期也標記了越來越重視中產階級的時尚商業化，因此展現出以更實惠的方式實現閃爍光彩的絕佳機會。

相較於珠飾，亮片價格較低廉、重量較輕，而且縫製速度更快。雖然絕大多數的複雜變化仍以手工執行，但也可機械化生產較簡單的亮面織物，使其極為划算。

上左：潔西卡‧葛雷蒂（Jessica Grady）以亮面、珠飾和刺繡打造出趣味十足的表面。

上中：Delpozo運用亮片為服裝的垂墜元素賦予形狀，結合裝飾和結構。

右圖：Schiaparelli高級訂製服中的大膽貼花，2016年秋季。

對頁：朱蒂‧拉弗（Jodie Ruffle）創意十足的刺繡造型。

貼花（appliqué）。貼花有時候稱為「布貼」（patch），是利用刺繡技法，將一片布料縫在基底織物上的技法。依照使用的貼花方法的複雜度，以及刺繡針法的精緻度，完成品的效果變化多元，可以從粗獷的軍裝風外套到訂製服等級的花朵圖樣。高端蕾絲製品普遍以貼花技法執行，使完成的衣服達到無縫效果。

傳統貼花容易讓人聯想到童裝，因為貼花常運用在童裝市場。設計師和產品開發者在開發以成人消費者為客群的時尚單品時，應該要留意這個關聯性，避免產品線顯得太過孩子氣。

黏貼裝飾。有些用於裝飾的物品難以利用標準縫紉方法將之縫在織物上，因此會以織品專用黏著劑或熱敏感樹脂，將之固定在布料上。這些飾物包括平底水晶或水鑽。在這些裝飾性寶石的背面塗上樹脂，熱壓後會融化，水晶就能黏合在布料上，無須任何縫紉。羽毛裝飾也普遍使用織品專用黏著劑。

上述所有這些技法常常混合使用，形成更加繁複的表面設計。分別開發各個類別的技術知識固然有用，但是若能熟練自如地運用多種裝飾工具、混用材質，將能大幅提升設計的趣味性。

布料處理

若裝飾品的目的在於妝點基底布料，布料處理則著重在改變織物的質地外觀。布料處理可透過多種技法達成，分成幾大類，按運用的技術工法區分，並會依照生成表面的特性不同而有所變化。

車縫處理（sewn manipulatons）。此分類的技巧包括**縮褶繡**（smocking）、**縫褶**（tucking）、**褶飾**（ruching，又稱gathering或shirring）、**拼布**（patchwork）、**車棉布縫**（quilting）、**白玉拼布**（trapunto）。

所有這些技法都能在單獨一塊布料上縫紉完成，或是加上另一層布料，創造出有控制的立體表面。完成的織物可用於各式各樣的衣服類型，從薄透的夏季女襯衫到具防護力的外衣皆可。

熱定型處理（heat-set manipulations）。這類型的技術包括壓褶（pleating）、**壓皺**（crushing）、壓花。只要謹慎應用高溫和壓力，許多布料都能夠做出造型，可帶來操控性極高的成果，例如壓褶織物，或較具有機感的成品，營造出壓皺產生的效果。大部分天然纖維的壓褶在經過一段時間後會消失，含有熱塑性纖維的織物則能永久維持褶痕和皺痕，達到耐洗效果。

壓花比較複雜，因為要用到刻上設計圖樣的金屬板或滾筒。這項技術可用於打造極為多樣化的表面，從傳統的大馬士革花紋到未來感幾何花紋。在皮革製造中，壓花技術普遍用於創造異國格調感的皮革，例如模仿蟒蛇或仿鱷魚皮。

表面處理（surface treatments）。包括**磨毛**（brushing）、**噴砂**（sandblasting）、**石洗**（stonewashing）。許多品牌希望讓衣服有老舊或破壞感，這項技術就能為產品面帶來這種真實的美感，尤其如牛仔類的特定市場。這道刻意讓織品或衣服仿舊的工法要結合各種表面處理，謹慎執行。這些技術可以先用於布料，再進行衣服裁片與縫製，也可在衣服構成後進行。

穿孔（perforation）。一如名稱所示，穿孔就是在布料上切割孔洞。在工廠裡，尤其是大量生產穿孔布料時，這項工法通常使用模切機（cutting die，可想像成餅乾切模）。為了讓孔洞自動封邊並防止邊緣毛邊，切割樣版通常會加溫，以燒灼布料邊緣。

上圖：康斯坦‧布萊克勒的衍縫造型插畫。

對頁：日本品牌FDMTL以水洗丹寧拼布連身工裝，建立起品牌的偶像名氣。

雷射切割

雷射切割技術比起傳統工藝，相對新穎，最早於1960年代時透過駕馭雷射光而實現，並落實運用在時尚產業中，獲得一定的重要性。工業用雷射可用於燒灼或切割任何材質。如今這項技術的價格降低了，時裝設計師得以廣泛地運用，展現琳瑯滿目的創意。

雷射切割可用於完全切透材料，做出有孔洞的表面，也可在布料表面非穿透的雕刻（raster，etch蝕鏤）設計。例如在緞紋織物上蝕鏤錦緞圖樣，令燒灼部分的顏色較原本暗沉，賦予完成的布料壓花效果。雷射雕刻也常用於牛仔褲最後加工，製造仿舊外觀。

相較於傳統壓花、穿孔或表面處理，雷射技術展現出一些重要優勢，那就是迅速、設定簡單，而且能夠在不增加大筆額外成本的前提下用於短期生產。

絕大多數為時尚材質打造的雷射切割機，技術條件非常清楚明確，且對使用者相當友善。這些機器通常和向量圖像設計軟體相容（如Adobe Illustrator）。只要確定可使用機器，製作雷射切割設計的樣本並不會特別困難。與外部上游供應商合作時，為了避免浪費時間或不必要的打樣支出，設計師應事先規劃並測試設計。首要步驟，就是以手繪或電腦繪圖將切割設計畫成簡單的線稿。接著把設計印在紙張上，以筆刀實際切割，如此能實際看出圖樣可能的缺點，令設計師在布料上進行打樣之前就進行修正。圖樣經過測試後，以向量設計軟體完稿，並將檔案連同布料一起交送給雷射切割廠商。

新科技與製作開發

許多注重創意實踐的設計師，會在傳統與衣服製作相關的工法外，實驗創新材質的技術。具前瞻性思考的設計師，如荷蘭設計師艾芮絲‧馮‧荷本（Iris van Herpen），特別聚焦於利用溶液和**3D列印**科技。兩者皆能提供獨一無二的創意應用，重新開創衣服的發想、設計和建構方式。

使用樹脂、乳膠和其他溶液類材質，挑戰了傳統建構方式的界線，因為習慣上這些材質僅限於生產平面布料。溶液可塑形成立體形式，透過硬化階段成型，進而減少傳統衣服成型與組合加工的需求。

同樣地，3D列印（一種快速製作原型的技術）則使用先進機器，以熱塑性材質打造出複雜的立體形狀。目前3D列印的技術限制還無法用於大量製造衣服，不過這項科技正在迅速發展中。艾芮絲‧馮‧荷本、threeASFOUR與其他設計師皆熱衷於探索3D列印在展示品和原型的創意可能性，由於時尚產業努力開發對環境和社會更負責任的衣服生產方式，許多創意領袖則認為3D列印很可能就是未來的方向。

右圖：艾芮絲‧馮‧荷本透過探索材質的科技界線，建立起強烈的品牌觀點，如這件3D列印的洋裝。
對頁：馬汀‧馮‧史特雷恩（Martijn van Strien）的雷射切割造型。

設計師檔案：荷莉・富爾頓（Holly Fulton）

荷莉・富爾頓目前擔任同名品牌Holly Fulton的創意總監。

可以談談你為什麼想當設計師？

我一直對時尚很有興趣，但是直到進入大學的基礎課程，涉獵時尚和織品後，我才真正感覺到時尚就是我的天職。我在（倫敦）皇家藝術學院取得碩士學位，那令我對設計的愛變得更具體，使我能夠以跨領域的方式設計而充分發展，服裝成為我的圖像多媒體風格的最佳媒介。

你會如何形容你的品牌？

我們是高端女裝品牌，除了奢華的製作方式，更聚焦在極具特色的圖像設計與圖樣。我們從珠寶、包袋、墨鏡到服裝與鞋履，打造完整的全身造型。我們的名氣來自運用充滿設計感的線條與用色大膽，獨特賣點就是我們所有的圖樣和裝飾全都是手工處理。

你的作品使用了許多不同的材質，其中你最喜歡的是什麼？

我鍾愛以不同媒材，將圖樣設計轉化為立體產品。我們的設計核心除了印花，還有塑膠。我很喜歡塑膠帶來的鮮豔色彩衝擊，充滿光澤的表面，有種普普藝術的風格。我喜歡以各種能夠雷射切割的材質做設計，如木材和貝殼，與金屬混合切割出特殊形狀，也有飾釘等工業風元素。我的早期作品常使用不尋常素材，例如五金，並與水晶混搭創造反差，至今仍能激發我的靈感。

你為何選擇這個特殊的品牌定位？這個作法為你提供何種機會？

我認為是小眾市場選擇了我。我很幸運能夠有容身之處，許多設計師沒有這個機會。我的工作

方式，包括在逐步完成最終造型的同時手繪創作織品與裝飾，這個作法令我能夠稍微超然一點。我並沒有預設任何合作機會；我們的品牌特色深植在圖像與圖樣設計，因此不僅能夠做為時裝設計師，也能夠以更廣義的設計師身分與無數品牌合作各式各樣的產品類型。對我們原本的品牌而言，延伸進入更寬廣的設計世界，一直都是非常正面而且令人興奮的副業。

你選擇的客群和市場，如何影響品牌的設計走向？

我認為，將消費者和跨界合作視為對自身設計的最佳回應，是最重要的。透過展示間（showroom）、VIP時裝預覽（trunk show）、零售業者的回饋、私人客戶設計，我們因而能夠建立消費者輪廓，在設計市場取向的產品時牢記在心。客戶不會改變我們的設計，而是透過構思消費者的生活風格和喜好，提升品牌的風格。我們希望打造出讓人永遠喜愛的產品，同時也能推動設計師不斷前進，挑戰當代設計。我們會考慮各種因素，例如庫存當地的氣候，也常常和限定地區合作，以便更適合特定季節。

發展事業時，你遇到的主要挑戰是什麼？

如何在創意和商業之間取得平衡。對這點有深刻理解是非常關鍵的，如此才能夠支撐、維持並發展創意視野和團隊。經營品牌所要取得的平衡相當具挑戰性，這份工作會耗時耗力，有時候很考驗經營者的奉獻決心。學習處理他人和自己的期望也很重要。經濟壓力、商業計畫，且要有現金流意識，才能夠策略性安排，這些都很燒腦、很不容易。我在策略上花費的時間和精力，與設計一樣多。

在時尚產業中，你對自家品牌有何願景？

時尚景觀瞬息萬變，業界建立起的傳統也不斷變化。我希望設計師認真看待永續性並實踐，而且不僅考慮作品，更要思考業界整體所呈現的訊息。我相信高端時尚永遠會有一席之地，但是我認為有義務關心消費者，也必須在設計中樹立典範，以及謹慎看待製造和設計方法。數位時代為處於劣勢的人提供機會，完全無須參加時裝週，也能打造有效的商業模式。這太令人興奮了，未經雕琢的新人也有機會大鳴大放，尤其在倫敦。我希望透過更用心的態度，以及更環保的方式，讓這種情況持續蓬勃發展。

5. 設計發展

學習目標

· 認識打造系列的多種設計
  方法

· 了解創意草圖、拼貼和數
  位媒體在系列發展的用途

· 探索各式時尚輪廓

· 學習立體剪裁的多種手法
  與運用

· 認識系列發展中的數位立
  體打版技法

· 了解在創意系列發展中，
  細節的設計與其用途

· 了解時尚的發展和打樣的
  重要性

· 學習將時尚系列視覺化的
  步驟

設計過程

將未經琢磨的靈感，轉化成一系列完整的時尚產品是充滿挑戰性、極具意義，且令人興奮激昂的任務。時尚產業仰賴想像力和創新茁壯成長，而設計師的主要角色就是以既有的靈感出發點，探索其帶來的所有創意可能性。第四章已經討論過織品開發扮演的重要角色，本章我們將開始探究、視覺化，和服裝立體化的步驟，以及如何在發展時裝系列中，結合這些步驟與織品選擇。接下來介紹的各種工具和技法，能為設計師和**產品開發者**提供多種方法用於設計實踐。

設計師與產品開發者，尤其是求學中的新手，必須要養成記錄創意探究的習慣，匯集整理放入設計開發過程筆記（process book，或稱素描本）。這段討論中我們將優先使用「過程筆記」一詞，這是系列發展過程的整體記錄，不僅僅是素描，還有拼貼、最初的立體剪裁的圖片、細節打樣、照片、數位媒材等許多內容。

過程筆記是展現設計師創造力的寶貴工具，一定要將之視為和作品集有同樣的價值。公司的招聘人員會特別留意過程筆記，因為素描技巧和服裝構成能力雖然有利，創造力和實驗則絕對是任何設計中最重要的角色。

對頁：邱夢潔（Mengjie Di，音譯）繪製的輪廓和比例研究的動態姿勢素描。

設計的三大階段

一般來說，發展創意想法有以下三個階段：研究調查、設計實驗、設計改進。每一個階段都會為最終產品帶來價值和目的，因此都必須同樣重視。

1. **研究調查**著重在研究素材的深入分析。此階段還不需要將衣服的形狀或細節視覺化，而是要從研究中提取各式各樣的獨立創意元素，如圖樣、質地、線條、形狀、色彩。這些獨立元素之後會成為下一階段的材料。

2. **設計實驗**是投入衣服發展的第一步。此階段運用在前一步驟中取得的各式獨立研究元素，探索形形色色可行的應用實踐。這個階段中會使用多種技巧，如拼貼、素描、**數位立體剪裁**（digital draping），以及探索在**人臺**（form）上的分量感。此步驟有時候稱為「粗製」（rough）設計階段，因為探索的想法尚未完全解決。

3. **設計改進**選用第二階段中，發展出的最佳想法，轉為有細節的視覺化。這些想法會用來編輯最終決定的系列，與打版師、剪裁師、樣品車縫師以及許多上游供應商溝通，以執行製作衣服原型。

有些設計師認為預先規劃的過程筆記很有用，能提早決定每個環節的焦點，有些設計師則認為這個方法的限制太多。有組織地記錄三個階段中的**構思**（ideation）和實驗，能夠讓工作更有效率，因為設計師可以在一張張紙上自由發展想法，只要在創意探索進入尾聲時，將手稿收入過程筆記即可。

除了上述的創意發想三階段，設計師也務必探索所有將在最終衣服中使用的各式元素。這些元素如下：

· 輪廓／分量／形狀
· 色彩
· 材質／工藝
· 表面／圖樣／質地
· 結構／細節／最終修整
· 造型／氛圍／創意脈絡

再提一次，這些元素不能以分別獨自研究，而是要能在創意上做為彼此的養分。例如，和工藝有關的想法，可能會引起**鎖釦**的實驗概念，開發滾邊素材或許會引導設計師研究滾邊鈕釦環圈等，兼具功能與美感的細節。同樣地，探究**褶襉**或許會促使你重新思考布料能帶來的分量感，進而改變打造**輪廓**的手法。設計師應該要盡可能地讓這些創造綻放火花。

另一個要在著手進行過程筆記發展之前，應該考慮的重要元素，就是並非所有的實驗都會帶

艾希麗·惠特克（Ashley Whitaker）製作的充滿玩心的拼貼實驗，結合搜集來的視覺、織物和手繪素材。

來完美的結果。經驗中，最初產生的想法，只有10%會進入最終造型。這表示在發展膠囊系列時，如需6套造型，設計師要視覺化60~100套的可行造型，每一套很可能由多件衣服組成。因此，所有實驗結果都要記錄在過程筆記中。過程筆記的功能不僅是藝術才能的表現，也能展現設計師探索所有相關創意方法的堅持不懈與決心。

草圖、拼貼與數位媒材

在研究調查、設計實驗與設計改進的過程中，可使用數種工具。最傳統的方法就是時尚素描，也普遍稱為繪製**草圖**。雖然這種素描是重要的工具，可用來視覺化設計想法在人體上的模樣，卻未必是開始發想設計的最佳方式。跳過原始研究（raw research）直接進入繪製草圖的設計師，產出的作品容易過度受限於人的形體，只以最平淡無奇的方式詮釋研究。

過程筆記實驗中的平面手法，應該要多元又充滿玩心，讓研究發揮最佳效用。這些手法包含手作和數位形式，記錄觀察性分析、圖像描摹、拼貼，以及草圖繪製。

記錄觀察性分析和圖像描摹

　　為了充分解讀、分析從原始研究中得到的所有可運用元素，設計師要深入探討這些帶來靈感的素材，以觀察性繪圖與圖像進行描摹。透過重新繪製研究的特定面向，能夠更深層地體會這些素材的具體價值與創意用途。

　　例如，若設計師受到某個裝飾藝術建築圖像啟發，分析這類素材的方法，就是將線條、圖樣獨立出來，或是辨識圖像中的個別裝飾元素。同樣地，以海底生物發想的設計專案，可以分析調查某個特別有趣的形狀、生物表面的特寫繪圖，或數位變化。

Fate Rising的設計過程筆記。兩個跨頁中混合圖畫、拼貼、研究圖像、文字筆記。

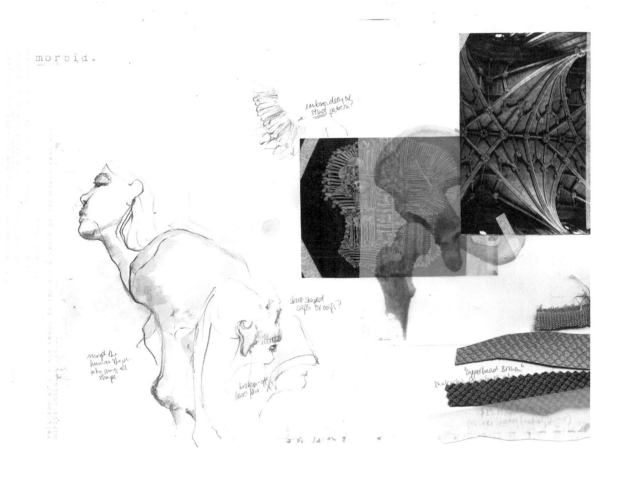

上圖：翡蕾拉・阿瓦多（Fiorella Alvarado）的過程筆記頁面，結合研究調查與設計實驗，包括織品翻玩。

下圖：喬西亞・波普（Jousianne Propp）的創意過程，探索骨骼形狀與哥德式建築的相似之處。

傳統的繪圖工具包括製圖鉛筆、自來水筆、麥克筆，以及使用溼式媒材，例如墨水、水彩或不透明水彩，都能為研究帶來重要的深度見解。每一種工具都能展現眼前材質有趣珍貴的面向，設計師應該趁此時探索多種媒材和技法。同時也不該忽略設計繪圖軟體提供的數位工具，如Adobe Photoshop或Illustrator，因為這些軟體可以開啟傳統方法無法發展的探索道路，別有一番意義。

拼貼

拼貼技法是將多種獨立的視覺零件，組成嶄新的創意布置，可以透過實際剪下研究調查中列印圖像或手繪素材，也能以數位方式完成。每一個圖像組合，都是為了探索個別的研究素材如何互動，提供可行的詮釋。記錄大量各色各樣的拼貼實驗非常重要，若要從手作拼貼技法中獲得多個結果，可以用數位相機拍下各種擺放變化，而非黏貼固定。

以數位方式探索拼貼，擁有傳統手工方式缺乏的優點。數位工具可以輕鬆複製、縮放和偏斜拼貼中使用的獨立元素，少了電腦極難辦到，數位工具也能大大提升拼貼探索的多元、複雜和趣味性。拼貼還能運用立體物、現成物品、布料、緞帶、紗線，並結合傳統與數位媒材。拼貼的多樣性就和拼貼藝術家的想像力一樣無邊無際。

在兩個領域中，拼貼技法特別有助益：探索表面和實驗輪廓。利用拼貼做為發展表面圖樣的工具，可以充分自由發揮。然而，使用拼貼做為**衣服**或輪廓的初始視覺化的工具，就需要加入可聯想到人體的元素。為此，搜集人體部位的圖像，對於補充視覺研究很有用處，例如手臂、雙手、腿、雙腳，還有最重要的：頭部和頸部。所

布魯克・班森（Brooke Benson）創作的拼貼實驗。

有這些人體部位，都將是理解拼貼實驗與標準人形的參考點。搜集拼貼遊戲中使用的頭部和臉部時，設計師應該要特別挑選妝容、髮型，以及這些人體元素的整體**搭配**對拼貼成果可能產生的影響。在造型方面維持一定程度的中立性，才能確保拼貼探索的重點專注在創意展現，而非模特兒的局部描繪如臉部或鞋履。

艾咪·愛德華（Amie Edwards）的拼貼設計實驗。

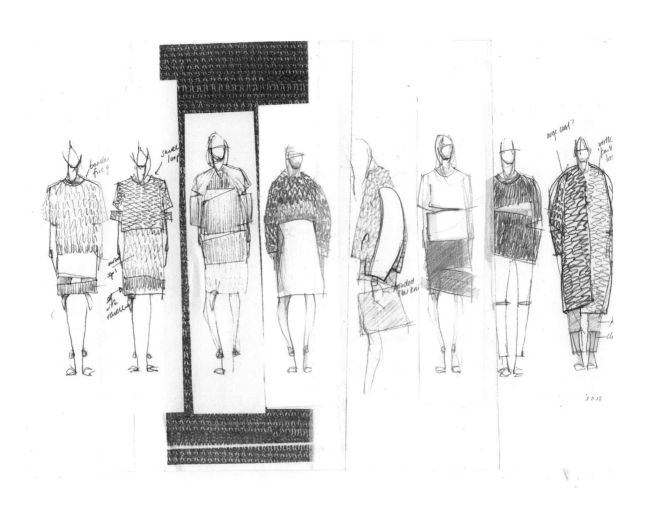

時尚繪圖

充分調查過研究，並開始進行初期設計實驗後，就可以在人體造型上將可行的設計視覺化。一般會使用時尚繪圖（或是時尚草圖），可以有效傳達初始設計穿上身後的模樣。為了避免混淆，必須釐清時尚繪圖與**時尚插畫**（fashion illustration）的差異。插畫是時裝線最終呈現的重要元素，需花費不少心思和時間。反之，素描的目的在於將創意可能性快速視覺化。絕大多數的素描都在二到五分鐘之間完成，因為如果該想法最後沒有成為完成系列的一部分，花太多時間雕琢就是浪費時間。速度就是最珍貴的戰友，令設計師得以發想大量可能性，做出種類繁多的設計選項，在改進系列的時候可以隨意使用。為了達到一致性和清楚易懂的目的，絕大多數的時尚草圖都使用無個性的站姿或行走姿態繪製，以便傳達單品或成套衣服在伸展臺上的呈現樣貌。

時尚草圖和純藝術素描也大不相同，並不遵循寫實的人體比例，而是以拉長的理想化人類形體為基礎。以頭骨做為基礎單位，普通人體從頭頂到腳底約七到八頭身。在時尚草圖中則會加長（主要透過拉長四肢和頸部）到至少九頭身。

纖長的人形是為了增加圖畫的精緻優雅。時尚草圖中的男性，拉長人體的方式較女性來得平均。大尺碼和青少年在草圖中的比例規則也不太一樣，不過仍以理想化的身形為基礎。有些設計師偏好極度風格化的草圖人形，約為十二至十四頭身，為繪製成品帶來誇大張狂的感受，不過，開始進行原型發展時，這多少都會影響設計的理解程度。

獨立設計師固然可以選擇無視九頭身草圖的通用規則。然而，依循時尚溝通的「標準規則」對受雇程度有正面影響，因為更可能符合時尚招聘人員和已成立的時尚公司的需求。

經驗豐富的創作者可以輕易徒手畫出時尚草圖，每一次都能達到正確比例，剛開始學習的設計師則可以使用草圖樣版，輔助素描的比例一致性。（見書末附錄，女裝、男裝、大尺碼、孕婦裝、童裝樣版）。描摹草圖樣版的方法，是將選定的樣本放在白紙下方，然後在草圖形體上畫出衣服單品或整套服裝。描摹草圖樣版本身，最後只會露出於整套服裝中的可見身體部位（雙手、臉部、頸部，可能還有腿部下方）。每一張草圖，即使是迅速完成的動態姿勢，也應該帶有人性的味道。手部、鞋履、髮型、臉部特徵，都能讓素描更加有人味，有助於想像服裝設計穿戴在真實消費者身上的模樣。

E. Blackshaw

探索輪廓

定義輪廓的走向，對任何產品線而言都是最重要的，要在創意過程的早期就著手處理。輪廓構成衣服的形狀與分量感，並會為系列定調。任何系列在某種程度上都會強調其中成套衣服的變化，不過，統合整體的主要輪廓能展現敘事一致性。因此設計師要以靈感、季節需求、市場區隔、消費者類型為基礎，定義哪些輪廓是系列的一部分，哪些則必須排除。

實驗輪廓時，設計師要考慮如何在「分量感」方面發揮創意，但又不能過度局限在人體本身的形狀，要對任何可能性保持開放心態。可以利用拼貼、繪圖、繪畫，數位拼貼等方式去探索，任務就是要聚焦在衣服與身體的距離遠近，以決定整體的分量感。利用草圖樣版做為起始點很有幫助。然而，由於輪廓的立體本質，從各種不同的角度，或3D建模軟體探索，也能帶來許多好處。

時尚中的常見輪廓：

· 方形

· 梯形

· A字形

· V字形或上寬下窄

· 氣球形或繭形

· 柱狀或合身

· I字形或管狀

· 沙漏形或鐘形

· 喇叭形或魚尾形

· 長袍

Comme des Garçons出人意表的輪廓變化，是品牌的設計特色。

重要的時尚輪廓。從左至右：上寬下窄、A字形、沙漏形、梯形、繭形、柱狀、I字形、喇叭形、方形、長袍。

特定市場和創意方向，會自然導向特定的輪廓，例如魚尾形輪廓較可能出現在晚裝，而非街頭服裝。雖然季節和市場的期待，會左右設計師對輪廓的解讀，不過設計師仍握有最終決策。

在決定輪廓時，設計師也要留意幾個普遍的歷史脈絡的隱含意義。某些形狀和分量感非常容易令人想到特定的歷史時期：短版的管狀衣服常令人想起1920年代；較長的沙漏形狀則會聯想到1950年代和Dior的設計；誇張寬大的肩線讓人想

到1980年代的權力套裝（power dressing）。刻意使用這些視覺連結可強化系列的**敘事主題**。若設計師對特定輪廓可能引發的詮釋缺乏敏感度，那就會導致敘事的認知不一致，完成品可能會讓目標客群感到困惑。

在人臺上進行立體剪裁

時尚的創意實驗，應與衣服的立體本質緊密相關。絕少有比在人臺上直接展開實驗更好的方法。透過在人臺上積極嘗試探究衣服的可能性，或許會帶來出乎意料的珍貴結果。在人臺上進行實驗的設計師有幾個可用的不同技法，包括立體打版（moulage）、平面打版（surface draping）、修改衣服（garment fitting）、**幾何打版實驗**（geometric pattern experimentation），以及**解構**。每一個技法或多或少會取決於系列採取的創意方向。此外，設計師可以選擇傳統的正常尺寸人臺，或是½人臺，後者既能維持比例精準度，也較不累贅笨重，而且需要的布料也較少。

立體打版（moulage，來自法語，意思是「塑形」）是最傳統的立體剪裁技巧。方法是將布料披掛在人臺上，打造出所需衣服的形狀。立體打版習慣使用便宜的胚布，打版時所選用的織物特性，要能與欲使用的最終布料相符。例如為厚重的大衣製作立體打版時，就必須使用較厚的胚布，而非打版夏季襯衫的輕薄胚布。立體打版的用意在於將衣服形狀視覺化，改進分量感和輪廓，並探究布料帶來的雕塑可能性。立體打版的結果可以記錄下來，做為設計過程筆記的一部分，也可轉為發展衣服原型的可用版型。

　　平面打版不同於立體打版，後者著重在衣服形狀的視覺化，平面打版則主要關注表面的趣味性。這表示平面打版通常是第二步驟，接在構成

義大利設計師達尼洛·阿塔迪（Danilo Attardi）的時裝立體打版。

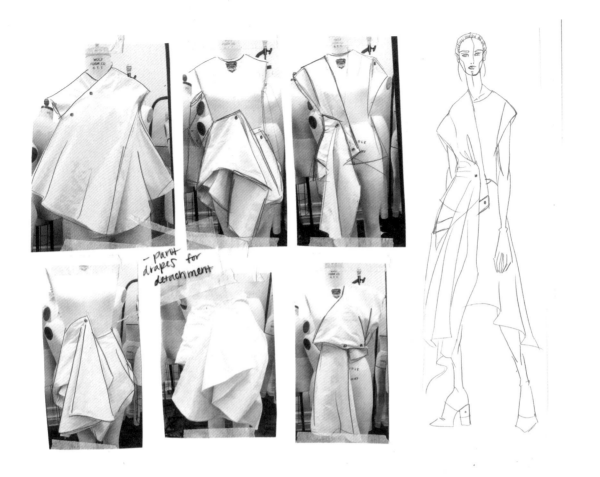

上圖：立體剪裁，先拍照記錄，描線後轉為草圖素描以加強
理解性。亞曼達・亨曼（Amanda Henman）的過程筆
記內頁。

右圖：結合照片、繪圖和筆記，是記錄立體剪裁實驗的最佳
方式，如伊芮娜・艾瓦迪此處的例子。

基本的輔助底衣之後。平面打版是用來製作複雜
的褶襉、棘手的皺褶，或是直接為立體衣服加上
特別繁瑣費工的褶飾效果（ruching）。許多設
計師，尤其是聚焦在晚禮服和高級訂製服的設計
師，會大量使用平面打版，為作品增添亮點和工
藝色彩。

修改衣服一詞是指在人臺上修改既有的衣
服，尤其是市場上較商業取向的公司，不太可能
要求高度實驗性的立體剪裁手法。以這種方式探
索系列的想法相當有效，特別是在特定關鍵風格
有完整銷售記錄，而且建立起**品牌識別**的公司。
這項技巧聚焦在改進與調整之前推出的系列的衣
服合身度，或從古著店搜集而來的衣服，小心以
絲針別起縫線和縫合褶，以得到改良目的。選定

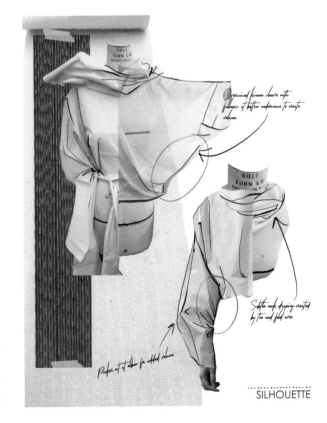

SILHOUETTE

上圖：解構和重新建構是一種立體拼貼的形式，厄莉萊·加瓦利尼（Erila Cavallini）這套造型就運用此手法。

左圖：抽象形狀可以轉化成奇特的分量和比例，例如維多利亞·里昂（Victoria Lyons）設計的這件幾何打版實驗作品。

欲生產的設計後，為了達到確實的形狀和預期的合身度，整個原型發展階段也會大量應用修改衣服的工序。

幾何打版實驗是較實驗性的立體剪裁手法，重點在於打破立體設計的創意界線。這個方法必須先製作幾何形版型的草圖，例如複雜的多邊形、螺旋、蜿蜒迂迴等形狀，然後從紙上或平紋布剪下版型。接著，這些裁片會放上人臺，評估如何組合成一件衣服。這個方法可以創造出極富想像力的成果，是傳統時尚草圖無法做到的。類似的方法也應用在零浪費衣服設計，目標是衣服的剪裁能百分之百使用整塊布料。

解構法是另一個進階的實驗性立體剪裁手法，本質上就像立體版的拼貼。這項技巧要拆解從古著店或二手店買來的現成衣服，或是前幾季未售出的單品，然後在人臺上以全新的立體配置重組。對於關注時尚衣服的環保議題，並且希望找出方法讓衣服升級再造的設計師而言，這個作法成效極佳。另一方面，前衛設計師如馬丁·馬吉拉，經常在作品中大量使用解構法，然而並非出自環保主張，而是做為時裝設計過程中，對「界線」概念的探索工具。

記錄立體剪裁實驗的最佳相機擺放位置

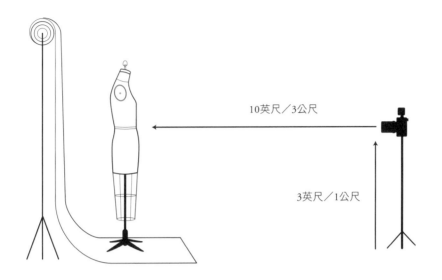

10英尺／3公尺

3英尺／1公尺

記錄立體剪裁實驗

在人臺上製作出來的設計必須確實記錄，做為創意過程筆記的一部分。開闊廣博的探究非常重要，設計師應拓寬創意範圍，同時也明白並非所有在人臺上嘗試的想法都會成為最終衣服。記錄在人臺發展的作品時，設計師要確保拍攝的照片具備充分的參考性。以下是幾個關鍵要點。

·拍攝背景必須為單色，並且能突顯立體剪裁的布料顏色。若使用淺色布料，作品就要使用深色背景，反之亦然。在工作室角落為此目的設置專用背景將有很大幫助。

·在光線充足處拍攝，讓作品每個面向都能清楚呈現。漫射的自然光最理想。避免使用聚光燈或「氣氛燈光」，因為可能會過度強調陰影，使搜集來的照片較難以理解。

·避免透視變形。若拍攝距離太近，影像可能會使衣服某些部分顯得比例變形，無法表現立體剪裁實驗的全貌。從距離作品至少10英尺（3公尺）處，必要時使用變焦功能，相機放置在距離地面3英尺（2公尺）高處（見上圖）。

·考慮到立體剪裁實驗的立體本質，最重要的就是拍攝各個角度。轉動人臺，每45度角記錄一次，每一件實驗作就有八個視角，對於是否選擇該造型，並進一步改進做為最終衣服的選擇，非常有用。

在拍攝記錄之外，過程筆記很可能也需要繪製效果最好的立體剪裁實驗。這些可以透過描摹照片記錄的線條，然後以草圖形式加以詮釋。繪圖可以讓某些無法有效透過照片傳達的設計元素更清楚，應該用來達到這個目的。

初期的立體剪裁實驗，偏向著重於設計想法的創意探索，不過，在發展系列版型時，常常運用更精細的立體剪裁。精準正確記錄非常重要，可讓原始的立體剪裁想法繼續發展進入原型和生產階段。為這個用途記錄的原始剪裁，不僅需要全拍攝式的記錄，在人臺上進行立體剪裁時，設計師也必須於布料上做記號。標記每一道**縫線**、**縫合褶**、皺褶、褶襉和摺線後，就可以將實驗品從人臺上拆除，回復成平面，轉換成紙型，以便日後打樣和改進。

數位立體剪裁

許多設計方法與傳統素描和以過程筆記為基礎的實驗，彼此之間的界線已經越來越模糊。數位立體剪裁正好在數位科技與立體設計的交會，就在電腦軟體的能力實際參與3D設計探索的時刻。

上左：丹尼爾・維德賴（Daniel Vedelago）的原創印花設計。

上右：丹妮絲・安東尼（Denis Antoine）的數位立體剪裁變化。

形式簡單的數位立體剪裁是將影像、照片，或是創意實驗直接投射在人臺或胚布衣服上。這項技術可用於探索發展中的造型的視覺比例，基本上就是等身尺寸的拼貼。每一個迭代都要拍照，做為日後的參考。

Gerber科技套組提供類型繁多的工具，專門開發給立體剪裁的視覺化，甚至無須剪裁布料。

　　數位立體剪裁是建構在客製化的虛擬人形上，以便符合品牌消費者的身形尺寸，幾乎可以複製任何布料的線條、動態與光澤。

　　Google的Tilt Brush等技術提供更多進階的數位立體剪裁方法，令設計師得以在3D虛擬實境中進行數位繪畫。

Hold使用3D建模軟體的數位創作。

精於細節的設計

使設計發展有效的關鍵元素之一，就是專注於細節。市場上無數大受歡迎的衣服和風格，並不是因為誇張的形狀或繁複的材質才贏得卓越名聲，而是因為製衣細節的價值與精細的執行。

　　有些品牌將大部分精力投注在細節的設計發展，如此能夠維持堅定一致的品牌識別，同時在每一季的系列中增添些許創新度。這些品牌，包括Tommy Hilfiger、Banana Republic和Dockers，常採用稱為「**模組化設計**」（modular design）的創意方法，在這種方法中，選擇已建立的細節（如口袋、袖口、領子、**邊飾**）資料庫，每一季只會修改局部，調整風格。

　　無論是將細節模組化，還是在較具實驗性的系列整體中加入強烈的細節，設計師務必要學習精準有效地視覺化和傳達服裝製成元素。要做到這件事，有兩個主要方法：樣版（mock-up）和**工藝圖**（technical drwwing）。

　　樣版又稱「樣品原型」，在設計過程中，是探索細節的有力工具。將口袋、鎖釦、領子等製成樣版，能使發展產品的使效率大大提升，並將特定技術變化視覺化，評估是否適用於系列。樣版必須要分階段發展，首先以和最終採用布料性質類似的胚布或其他便宜的布料製成樣版。製作最終布料樣版之前，要先澈底解決胚布製成的技術樣本，包括種種明確問題，例如明線使用的縫線種類，或精確的針腳長度。有些樣版可直接收入過程筆記，這些樣版的實際尺寸常常需要拍成

渡邊純彌（Junya Watanabe）精於細節設計的男裝，2018年春季。

照片，任何過程中獲得的資訊，都可以加入筆
記，做為創意探索的素材。最初的樣版也很有
用，例如在人臺上進行拼貼探索、實驗各種擺放
位置、尺寸縮放，以及整體對細節的使用密度。

　　工藝圖是另一種樣版技巧，也能用於推敲
細節，對創意發展和將品質視覺化都很有助益。
服裝構成的工藝圖，需要經過深度分析，以達到
明確和精準，要將之視為實體化的溝通工具，因
此要能為比例、細節和功能性元素，提供完整的
資訊。雖然用鉛筆就能有效繪製最初的素描，不
過，用來溝通服裝細節的最終工藝圖，最好用代
針筆或Adobe Illustrator完成乾淨俐落的線條畫
稿。繪製工藝圖的技法，也能構成設計**平面圖**的
基礎，將在第六章討論。

艾托・特魯普（Aitor Throup）為C.P. Company製作的工藝
圖，展示各種功能性細節。

將想法製成樣本

時裝設計的過程，本身就是結合多重感官的經驗。時裝產品的本質，就是透過各種感官與消費者連結。因此設計師與產品開發者要在創意過程中強化這個概念，超越平面的時尚草圖。創意過程中不要放過任何可將想法轉化為實體樣本的機會。這些都對表現探索的美感價值極有幫助，設計師也能夠更準確地評估想法進入最終產品線的可行性。

除了平面研究探索，過程筆記也要包括拼貼和素描、布料樣本實體、表面實驗、製衣細節，以及在人臺上的立體實驗的記錄文件。結合平面創意發想和立體視覺化，將構成鮮明有力的基礎，帶來多元有效的多重感官創意過程。

在過程筆記中收錄許多實體樣本，相當具挑戰性。有些樣本可能太笨重或體積太大，無法以**過程筆記**的形式充分展示。這時，將樣本搜集整理在箱子，就是很適合的方法。但在過程筆記中加入這些樣本的照片也很重要，看見照片就能令人有組織地理解到這些樣本屬於構思的一部分。為每一件樣本加上標籤也很有用，指出樣本開發中運用哪些技術，同時加入草圖繪製或設計平面圖做為提醒，指出樣本可能與哪些潛在設計成果有關聯。

Caryn Lee的過程筆記。

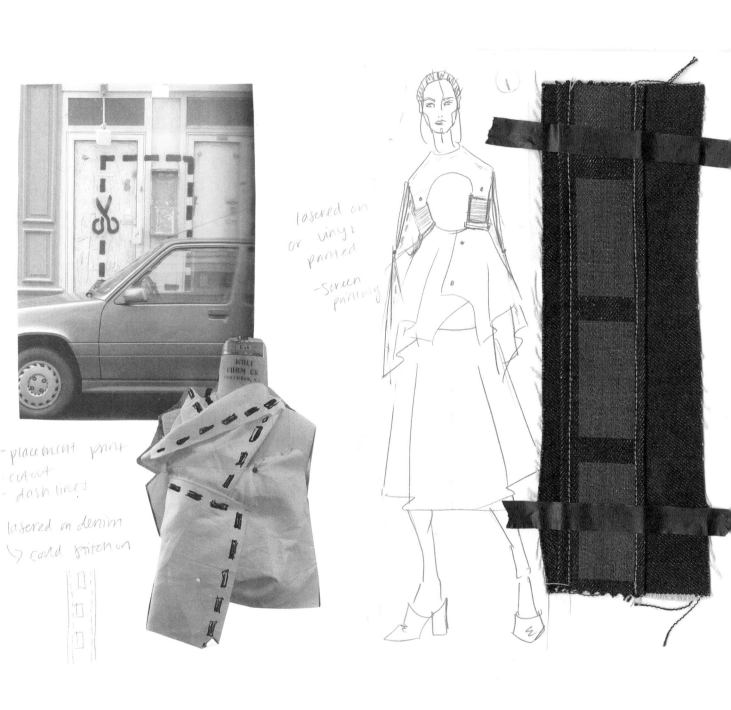

明確的設計細節和加工一定要打樣，例如此處亞曼達・亨曼
的例子，以便做出資訊最充分的有效決策。

系列的視覺化

在研究中探索過所有可能的創意想法後，是時候進展到設計改進與系列編輯的階段了。

從拼貼、立體剪裁、材質探索等得到的所有各式設計探索，都要轉化成時裝草圖的形式，以統一的手法視覺化。個別的創意實驗都可能會製成多個草圖迭代。例如，某些表面處理可用多種不同方式，配置在單獨一件衣服上，或是用於各種不同的輪廓和衣服。每一個個別的迭代，也都要繪製成草圖形式。在此步驟中，設計師要主動探索變化多端的衣服選項，因為此階段生成的衣服類型的多樣性將對進一步設計大有助益。

搭配

所有單品的想法繪製草圖形式後，現在就能輕鬆搭配整個系列了。這裡的「搭配」是指透過單品的特定組合，構成各式各樣的整套衣服，組成全面且深思熟慮的整體創意產出。許多業界的設計師會個別發展衣服，不預先設想整套搭配，如此在搭配過程中能帶來更多創意手法與創造性探索。接下來，系列編輯就是篩選哪些衣服組合或成套搭配能生成效果最佳的最終成品。

下圖：搭配就是結合個別衣服的想法使其變為成套造型，成套造型再變成系列。這六套膠囊系列的造型出自喬西亞·波普之手，她精心結合各種織品、色彩、質地、衣服類型，打造出極具魅力的成果。

對頁：將系列中所有可行的成套造型選項視覺化。丹妮絲·安東尼創作。

上圖：經過俐落編輯的膠囊系列，運用強烈的分量感和色彩。瑪麗娜·梅莉塞托瓦（Marina Meliksetova），Mélique Street設計。

對頁：艾娃·鮑爾（Eva Boryer）的局部草圖整體展示（line up）。

搭配整個系列的第一步，必須先把所有大量各式成套造型視覺化，統合設計過程中發展出來的所有個別的設計想法。細心留意目標消費者的需求，是達成這項任務的關鍵重點。根據特定的目標消費者，提供禦寒需求的成套造型，或是實用的耐穿度，這些考量或多或少都很重要。回歸到研究和創意發展初期建立的**消費者輪廓**，對這個時期的發展有很大助益。

搭配造型時，無論是展示取向還是商業取向的造型，設計師都必須清楚定義打造出來的成套衣服能達到目的。事實上，把伸展臺做為實驗性**設計創新者**的設計師，常常會發展另一條較商業取向的產品線，普遍稱為「**副線**」（diffusion lines），用意在於確保營運必要的現金流。

編輯系列的另一個挑戰，就是決定色彩與材質。初期的草圖素描是為了專注於設計形狀和服裝結構而不使用顏色，但是在編輯階段中，設計師就必須決定如何在整體系列中運用色彩與材質。以多種不同的色彩組合可能，重新繪製個別成套造型的草圖，對思考可行選項的多樣性有極大助益。

設計師通常會將多種整體展示可能性全部視覺化，以文件方式記錄每一套造型，以便並列比較，評估哪些最能表現有力的創意解答。編輯系列過程的最終成果是上色的草圖整體展示，包括必要的設計資訊，讓作品可有效率地進行到設計呈現與溝通步驟。

編輯

將一大堆完整的成套衣服，全數繪製成草圖後，現在就要來編輯系列了。將素描造型並列排開，創造各種整體展示提案，這個步驟應該能相當輕鬆地完成。在這個步驟中，數位化素描或是繪製在單張紙張上的素描草圖，將會比較便於操作。如果每個造型都是分別獨立繪製的，設計師此時就能夠隨意排列移動，依照合適程度移除或增加單品。

對設計師而言，此時可能會受到艱難的決策挑戰。例如，某些造型對設計師來說，或許單獨觀看感覺很好，編輯之後卻發現不適合搭配整個系列，因此必須淘汰。設計師也可能會在發展系列中發現新的難題，例如需要添加更多**單品**，或是整體創意吸引力不足，這時，就要回到創意探索階段，進行進一步實驗。

設計師檔案：Cucculelli Shaheen

安東尼‧庫克雷利（Anthony Cucculelli）和安娜‧蘿絲‧沙希恩（Anna Rose Shaheen）是Cucculelli Shaheen創辦人與共同創意總監。

可以告訴我們，你們為什麼想當設計師嗎？

安娜：從小我就一直在畫畫，我的媽媽也教我縫紉。我常常會買二手衣服，修改它們。

安東尼：就讀高中時，我會修改自己的衣服。我先念了藝術學院，然後進入時尚學院。

我們覺得市場中有一處空缺，缺少深思熟慮並細心製作、在伸展臺上與臺下都顯得同樣美麗的衣服。即便是我們之前工作的奢侈品牌，也總是想方設法降低成本，生產更多商業化產品，這點並非不重要，但是我們覺得過程中少了浪漫和藝術感。透過生產端的流水線化，我們保有迅速反應的機動性，同時也能注意做工，還能夠以最能襯托消費者的方式重新設計衣服，符合他們的身形比例。此外，每一塊布料都是訂製染色的，因此我們不會囤積大量布料庫存，因為這樣既浪費又昂貴。

版型縮放技術使我們能夠讓**供應鏈**流水線化。與其進行多次試衣，我們寧願從一開始就打造近乎完美的版型。我們會調整版型，然後直接製作最終樣本，和消費者進行試衣，這就是時尚產業大量工業化之前的製衣之道。我們也跳過中間的試衣過程，從一開始就依照每個客戶的身形精心縮放調整版型。一般而言，我們需要六到九個月的訂製時間，還有四週配送。

你們會如何形容自家品牌？

我們很喜歡經典的手法的刺繡，與現代生產過程所產生的對比感。我們會為每一個客戶設計最能襯托他們的刺繡。每一個系列都不在傳統的時尚日程表內，發行之後就保持開放，讓客戶和零售業者可以訂購。

你們為何選擇這個小眾的品牌定位？這個作法為你們提供何種機會？

我們非常喜愛刺繡、細節、圖樣。透過客製化和下單後訂製，我們就能以高水準加入所有這些元素，同時也不必在做工方面妥協。設計過程的一部分是從在紙型上排版開始，常常是圖樣與色彩引導著我們的配置方式。

你們選擇的客群和市場，如何影響品牌設計走向？

我們的消費者中，有很多都是新娘，整套服裝常常得熬過一整週的行程：彩排晚餐、婚禮，還有能夠穿著跳舞一整個晚上！我們也設計許多紅毯、節慶、特殊場合服裝，女人總是希望顯得美麗時髦，同時又有趣味和喜慶感。我們在設計的時候，總是將終端使用放在心上：她能行動自如嗎？可以走紅毯為拍照擺姿勢，而且穿起來舒服嗎？我們努力的目標就是讓客戶穿衣服，而不是讓衣服反客為主。

我們的靈感許多都來自旅行，我們希望在每一個系列中都混入品牌特色。每一件洋裝都有專屬的排版和色彩用的迷你氛圍板。同時，我們也繪製許多線稿，為樣本定調（swatch pitches）。我們的工作方式和成衣設計師略有不同，因為布樣會決定洋裝最後的形狀走向。

在發展過程中，我們會不斷微調色彩和輪廓的故事。我們總是會在最後一刻想到一、兩樣新元素，讓系列的整個故事變得完整。由於系列規模很小，我們必須保持輪廓的平衡，因此刻意過度重複形狀。在色彩、布料和圖案方面也是。

發展事業時，你們遇到的主要挑戰是什麼？

一開始，要接觸到消費者相當有挑戰性。我們的洋裝價格高昂，通常是為重要場合設計，消費者希望穿上漂亮衣服時感覺有自信，而且不得拖延交貨日期，還要讓她們的造型無懈可擊。因此，她們可能會抗拒嘗試新品牌。現在我們將近三成的客戶是回頭客。

你們如何看待自家品牌在時尚產業中的未來？

我們感覺品牌正在成長中。現在更多奢侈品牌嘗試與街頭風格品牌競爭，我們卻正好相反。隨著逐漸全球化，奢侈品消費者越來越容易找到他們想要的東西。我們是位於紐約的品牌，不過我們的消費者來自世界各地，在中東、東南亞、歐洲和南美的曝光度都越來越高。

6. 呈現系列作品

學習目標

· 認識設計呈現的手法

· 理解系列平面圖的功能和架構

· 了解時尚插畫在系列中所扮演的
　視覺傳達角色

· 評估發展鮮明強烈的插畫中的關
　鍵技術性考量

· 認識平面和製造圖在系列呈現中
　的技術方法與應用

· 學習彙整一系列的必備實用步驟

· 熟悉成功的規格說明書的功能與
　架構

呈現你的設計

一個系列要成功，完成的作品必須以有創意的方式與目標客群連結。設計師務必用這種企圖傳達想法，吸引設計管理者、買手、編輯，因為他們就是全新產品線的第一手接觸者。有效的設計傳達，一定要展現系列的創意價值，以及所有必要的**服裝構成**資訊，以便將**草圖整體展示**化為衣服成品。這表示設計師肩負雙重任務，要同時在藝術面與技術面表現作品。因此，設計呈現必須包含符合這兩種要求的元素。

在產品線的設計定稿之前，設計師常會運用一種有效的工具，叫做「系列平面圖」（collection plan），將整個系列歸納整理成容易處理的架構，可直接用於所有後續呈現與生產的步驟。

要有力地展示作品，設計師習慣使用**時尚插畫**和**工藝圖**做為進一步呈現設計的步驟，尤其是與外部打版師和成衣工廠溝通時，設計師也會發展以生產為主的組圖，稱為「**規格（技術）說明書**」（spec/tech packs，是specification或technical packs的簡稱）。在本章都會有一一介紹。

設計呈現可以決定系列的成敗，因此是任何設計師的設計實踐發展中，關鍵的步驟。

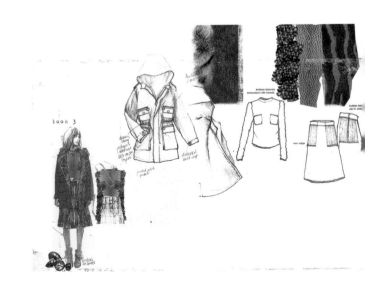

喬西亞‧波普製作的設計呈現板，結合上色處理的草圖素描、手繪平面圖，以及布料樣本。

對頁：加百列‧維耶納的抽象水彩插畫。

系列作品平面圖

透過前面章節討論過的設計發想，與藝術實驗步驟，會生成定稿整體展示
的上色草圖素描，成為發展整個系列計畫的起點。

整體展示中的所有衣服，都要註明與分類成幾大類，包括：

· 梭織上衣

· 梭織下裝

· 洋裝

· 縫製針織衣

· 成型針織衣

· 裁縫

· 丹寧

· 皮革

· 外衣

將一個系列分成這些種類，是因為在為**零售業**生產衣服時，每一家工廠專精的成衣加工類型都很有限，所以**生產者**幾乎都會發包給不同工廠。例如專精縫製針織衣的工廠，不太可能也精通裁縫。因此設計師或生產公司必須按照衣服所需的專門生產步驟，分別追蹤製程。

另一個需要注意的考量，仍取決於買手是否願意下單。雖然以完整**搭配**的成套衣服展示系列有助於傳達設計師的創意觀點，不過買手不太可能採購整套服裝，反而喜歡以個別單品評估整個系列。因此，以將一系列衣服按照**種類**整理，對買手而言更能輕鬆下訂他們認為最符合消費者需求的單品。

系列平面圖是一張大型圖表，列出系列中每個種類與每件衣服，提供每項單品的明確名稱或**型號**（style code）。型號將在製作原型、銷售和生產的所有階段跟著衣服。做為系列平面圖的一部分，衣服也要使用**平面**（flats）或**規格圖**（spec drawing），不過這兩個術語的意思略有差異。「平面」意指比例準確的衣服白描圖畫，用於實際會議與系列計畫；「規格」一詞則指規格說明書中，用來和生產廠商溝通的工藝圖。這些繪圖類型將在本章稍後討論。系列平面圖也常包含關於每個款式提供的尺寸範圍，以及該款式將推出的各種材質資訊。

對於較商業導向的公司，可能在創意發想階段的開頭，就建立系列平面圖。這種情況下，系列平面圖就成為設計師在整個創意發展中使用的工具，以免浪費心力或資源。這點尤其適用在特定關鍵種類中擁有完整銷售記錄的品牌。舉例來說，The Row一貫使用系列平面圖結構，其中包含許多針織單品，因為這是暢銷品項，如果每一季隨意改變提供的產品，可能會適得其反。

雖然**設計創新者**傾向將能量和創意心力放在發想令人眼睛一亮的獨特**服裝**單品，不過也應該要接受系列平面圖的重要性。系列平面圖有助於辨識出有發展潛力的市場區域，進一步拓展更具商業價值的產品線。這個過程一般稱為**商品規劃**（merchandising）。商品規劃者的角色，是要根據實際狀況評估產品線的商業可行性，並以品牌的成功為目的，開發各式各樣的產品與零售策略。

2019秋季系列平面圖

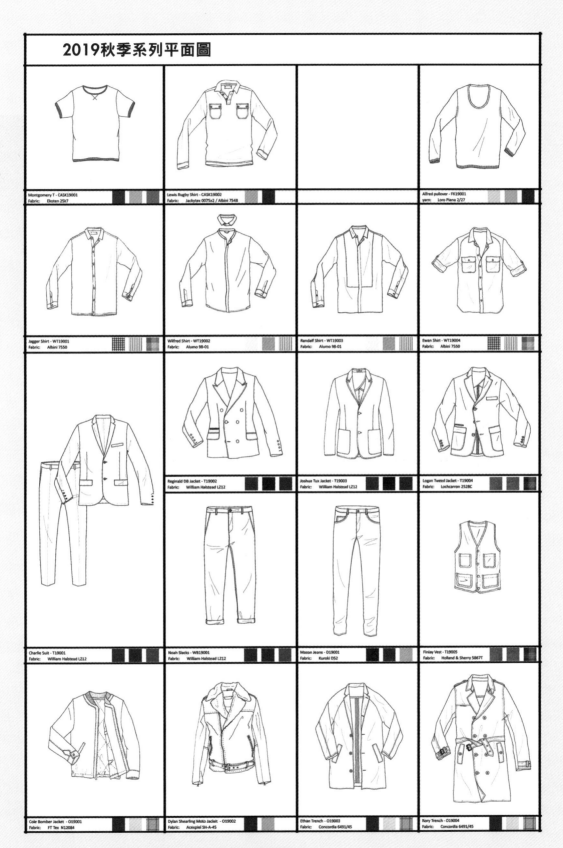

Montgomery T - CASK19001 Fabric: Ekoten 25k7	Lewis Rugby Shirt - CASK19002 Fabric: Jackytex 0075x2 / Albini 7548
	Alfred pullover - FK19001 yarn: Loro Piana 2/27
Jagger Shirt - WT19001 Fabric: Albini 7550	Wilfred Shirt - WT19002 Fabric: Alumo 98-01
Randalf Shirt - WT19003 Fabric: Alumo 98-01	Ewan Shirt - WT19004 Fabric: Albini 7550
	Reginald DB Jacket - T19002 Fabric: William Halstead LZ12
Joshua Tux Jacket - T19003 Fabric: William Halstead LZ12	Logan Tweed Jacket - T19004 Fabric: Lochcarron 2528C
Charlie Suit - T19001 Fabric: William Halstead LZ12	Noah Slacks - WB19001 Fabric: William Halstead LZ12
Mason Jeans - D19001 Fabric: Kuroki D52	Finlay Vest - T19005 Fabric: Holland & Sherry 5867T
Cole Bomber Jacket - O19001 Fabric: FT Tex N12084	Dylan Shearling Moto Jacket - O19002 Fabric: Acexpiel SH-A-45
Ethan Trench - O19003 Fabric: Concordia 6491/45	Rory Trench - O19004 Fabric: Concordia 6491/45

系列平面圖，展示每一件衣服款式和所有相關的布料選項。

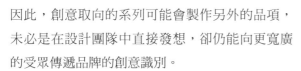

Viktor & Rolf高級訂製服的秀場上的款式（右圖），反映在開發傳達品牌象徵的商品化產品（左圖）。

因此，創意取向的系列可能會製作另外的品項，未必是在設計團隊中直接發想，卻仍能向更寬廣的受眾傳遞品牌的創意識別。

　　同一個品牌中的**高級訂製服線**、設計師**成衣線**與**副線**（配件、眼鏡、彩妝等）作品之間的相互關係就是很好的例子。創意方向主要建立在品牌的較高端，透過主要設計團隊為高級訂製服和成衣展示打造的作品呈現，接著由商品規劃團隊轉化成更廣泛的商業取向產品系列。這個作法可應用在單一系列，或是遍及各個商品線。在第一

個情況下，系列的創意理念透過**展示品**建立，設計用意在於抓住媒體和觀眾的目光，訴說系列背後的故事。接著，理念會交給商品規劃團隊，發展成包含在系列內較商業化的產品，如針織品或日常服裝。當設計品牌提供多個產品線時，最高價的產品線通常創意敘事最複雜，這份資訊接著由商品規劃者用來開發成副線。

　　系列平面圖主要是內部用於設計、商品規劃、生產團隊的工具，同時也是系列呈現的重要基礎，也就是接下來會介紹的**系列圖表**。

插畫

要呈現一個系列的原創設計，需講求以具創造性的藝術和迷人方式傳達。業內的設計師通常會直接從整體呈現的手稿，和系列平面圖中製作原型衣服，不過，開發客製衣服的設計師和學生，通常必須先向客戶或審核團隊呈現想法，獲得認同後才能進入接下來的實作階段。這麼做或許相當不容易，而且要謹慎又有效地運用許多技巧，統稱為**時尚插畫**。

「時尚插畫」一詞不可和「素描」混淆。這兩種時尚視覺化方式的核心差異，在於不同的功能性用途。如我們在第五章討論過，草圖素描的用意是傳達設計想法，雖然人體比例稍微誇張，仍然能用來表現衣服在人體上的模樣。插畫的用途則不僅止於此，更加聚焦在有創意的故事訴說和**主題性**敘事，較不注重服裝寫實度的層面。其中的區別可能很難領會，因為許多較著重市場商業端的設計師，普遍將全身草圖素描稱為「插畫」，而有些插畫家則以「素描」指稱呈現人物姿勢的隨筆插畫。

作品集中的整體呈現和設計呈現板常常大量使用**上色的草圖素描**（rendered croquis），花費更多時間和心思在色彩、明暗和質地上，一般草圖則是在幾分鐘內完成的。這些上色草圖表現出衣服的視覺效果、合身度、材質，因此功能如同大多數線上零售平臺的商業時尚攝影，以清楚明確為目的，用最中立的方式展示產品。

劉思婷（Siting Liu，音譯）繪製的上色草圖整體呈現。

加百列·維耶納繪製的主題時尚插畫。

主題時尚插畫的功用與上色草圖大相徑庭。時尚插畫的焦點通常為品牌和系列敘事導向，因此想要呈現當季的產品系列，但是手邊又沒有實體衣服原型的設計師，往往會以時尚插畫做為主題攝影的替代品。雖然展示產品也很重要，但是無論透過插畫或攝影，主題式傳達都會採取更有創意的路線，在過程中實現迷人又富藝術性的結果。繪製系列插畫時，設計師要對**品牌識別**和當季的創意理念有透澈的認知，也要知道如何運用最適合傳達這些內容的媒材和藝術手法。插畫的格式、構圖、抽象感或表現方式不受限制，因此所有元素都要謹慎評估與執行。

插畫的格式和構圖

要發展效果出色的插畫，最重要的就是選擇形式和構圖。決定插畫系列要以直式或橫式的**頁面方向**製作，會直接影響插畫在系列呈現或作品集系列的擺放方式。而且，選擇用於插畫的紙張的整體尺寸也會影響後續的媒材使用。在尺寸過小的紙張上繪製插畫，會讓設計師採用技巧的能力受限，開數極大的紙張又可能令人氣餒，並不適合筆、麥克筆或鉛筆。透過插畫呈現作品的過程中，設計師一定要和畫家、攝影師和其他藝術家一樣，審慎思考格式和構圖。

在提筆前決定插畫的構圖，對準備步驟助益極大。作品的構圖要以連結與提升最終插畫的創意故事訴說為基礎，既能獨立成單張作品，也能構成系列（若一個專案中發展出多張插畫）。最有效的方法，就是開發所有計畫的插畫之概念縮圖分鏡，可採取並列或直式排列視覺化，端看如何展示最終作品。如此就能在所有發展中的獨立插畫堅持構圖元素，同時強化個別插畫與完整系列。構圖類型主要分為兩大類：動態構圖和幾何形式。兩種方法都有潛在益處和缺點。

動態構圖（dynamic compositions）運用不規則配置的元素、不對稱、對角線或曲線，並且包含多種尺寸的物件。此構圖法能生成活潑富趣味的作品，最適合展示充滿感情的故事和靈感有關的系列。源自詩詞、舞蹈或青少年文化系列的插畫，利用動態構圖也能達到很好的效果。

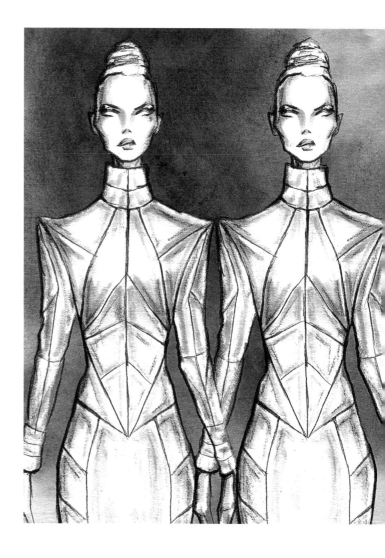

上圖：艾希麗‧惠特克繪製的代針筆和麥克筆插畫，運用流暢的線條和人體姿勢，創造出動態的頁面構圖。

右圖：拉臘‧沃夫（Lara Wolf）在這幅構圖中採用銳利的幾何形式，強化衣服的未來感氣氛。

至於**幾何形式構圖**，則仰賴結構、組織、對稱和規律。這些構圖通常較適合用以傳達控制與疏離。靈感來自極簡主義、建築或情緒距離的系列，以幾何形式構圖的插畫能帶來許多益處。

插畫媒材與抽象

一如純藝術家，時尚插畫家不可受限於特定媒材的選擇。設計師和插畫家應該要根據兩大考量選擇媒材：媒材是否能清楚有力地表現主題內容，以及運用的媒材是否能傳達系列的基調。找到合適的應對方式並不容易，因為特定媒材也許是在視覺上傳達某種材質的絕佳選擇，但是會讓作品整體的表現性失焦。插畫家也要製作技法樣本，以便在媒材運用方面做出最好的選擇。

設計師想要在系列中描繪的質地特性，可做為有效指引，是值得一探究竟的媒材。例如，一般會用帶紋理質地的媒材描繪丹寧，如色鉛筆或蠟筆。另一方面，緞紋和其他富光澤的材質普遍運用溼式媒材上色，如水彩、不透明水彩，或是麥克筆。實驗結合不同媒材，各種筆觸，還有數位的趣味嘗試，都能在篩選有效的工具和方法中帶來極大幫助。

不同於偏向依循許多結構性規則的彩色時尚草圖，插畫讓設計師得以在格式、構圖、媒材和抽象感方面更加自由地揮灑。抽象感在此處意指圖像為了表現性而背離寫實。

混搭媒材和抽象感可以帶來富藝術性的奇特成品，如藝術家
娜塔莎‧凱卡諾維奇（Nataša Kekanović）的插畫。

上圖：加百列‧維耶納繪製的插畫，透過選用的媒材結合寫
　　　實與抽象元素。
右圖：艾蓮娜‧格琳寶加（Alina Grinpauka）混合臉部特徵與
　　　衣服元素的寫實線條細節與極抽象的色彩運用。

　　繪製插畫時，完全寫實的執行未必是最適合的手法，因為太耗費時間，還可能降低作品的情緒傳達。寫實技法常見於時尚插畫家用來繪製人臉的方法。雖然採取全然寫實的插畫技法能傳達模特兒的樣貌，但有時候會予人過度精確或正式的感覺。讓臉部變形、風格化或以少數線條勾勒暗示等較簡單的手法，或許更適合傳達主體的人味和情緒。實驗多種不同方法，從最寫實到最抽象的風格，讓插畫家能夠選擇最能充分表現當季靈感、氛圍和品牌識別的處理方式。

繪製平面圖和規格圖

雖然有些設計師透過時尚草圖，將衣服和成套造型視覺化以發展系列，許多設計團隊卻偏好使用平面圖或規格圖。平面圖和規格圖的差別在於用途。平面圖是比例精確的衣服白描圖畫，用於設計會議與系列平面圖中，讓所有出席者都能充分理解每一件衣服的正確外觀。規格圖雖然也是以類似的白描圖畫為基礎來繪製，不過偏向著重在工廠必須了解的資訊，以利生產，因此會帶有更多技術性元素、多重視角、細節特寫、內部結構等。

平面圖和規格圖的基礎，都是比例精確的白描圖畫。這表示如果系列中所有衣服原型都是以美國尺寸6號開發，那麼平面圖樣版就要反映出6號人臺或試衣模特兒的正確比例。

設計師可以輕鬆開發自己的平面圖樣版，其中一個方法就是為產品線選擇標準樣衣尺寸，接著拍下選定尺寸人臺（最好附上雙腿和雙臂），拍攝照片的距離至少要為12英尺（4公尺），相機要距離地面約3英尺（1公尺），避免比例變形。接著，在照片上描線，標示出身體輪廓與主要參考線，包括胸線、腰線、臀線、前中線和後中線。

為了方便參考，本書書末有提供平面圖樣版，包括標準女性美國尺寸6號（英國8號、歐洲36號）與標準男性美國／英國尺寸38號（歐洲48號）。

平面圖可以用自動鉛筆和代針筆手繪，或是使用電腦，以Adobe Illustrator等向量繪圖軟體製作。兩種方法都有潛在的優缺點。

手繪平面圖往往較迅速，但是要正確處理比例與精確合身度需要練習。數位平面圖普遍用於大眾市場和中等級別品牌，在電腦螢幕上製作，讓眾多團隊成員更容易編輯、改進、調整。多季仍持續販售的熱賣衣服款式（carryover），也適合用這個方式溝通。然而，電腦平面圖可能會顯得過於生硬。

在所有平面圖中，比例精確性、線條質感與細節的基本規則都是一樣的。線條的粗細和類型可傳達衣服的細節。普遍來說，平面圖的輪廓線會用最粗的線條繪製，中等粗度的線條用來表示摺痕、開衩（vent）或垂墜，最細的實線表示縫線。明線（topstitching）則以虛線表示。

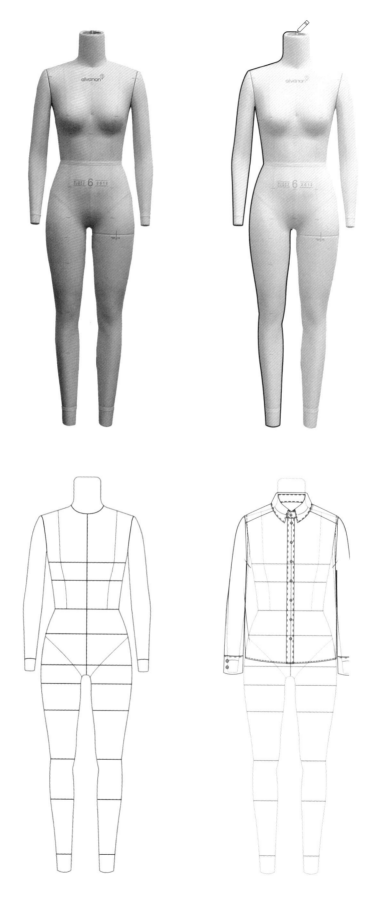

以人臺的照片為基礎，開發平面圖樣版，用來繪製平面圖。

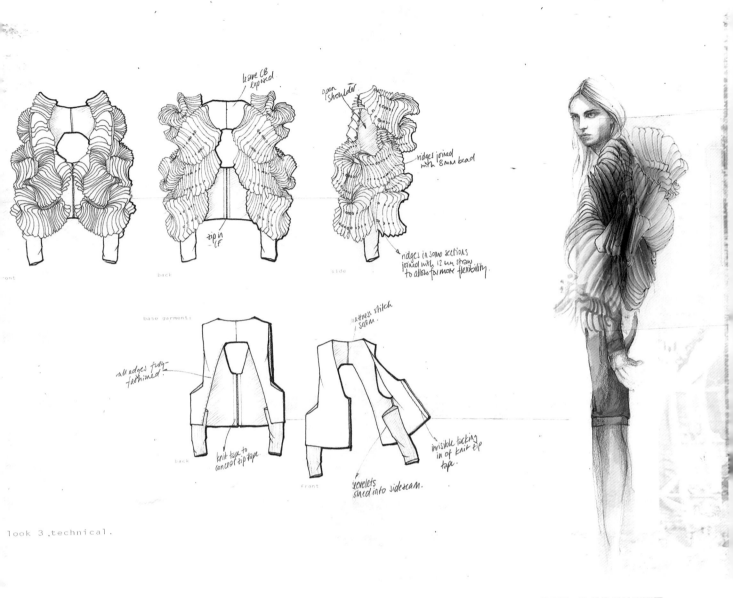

look 3.technical.

手繪平面圖

1·以鉛筆描線

選定並放大正確的平面圖樣版，然後將打版紙疊在樣版上，以鉛筆繪製衣服。細心建構整體形狀、主要縫線、垂墜、扣合物。若平面圖畫的太小，很可能會缺乏細節，因此經驗法則就是選擇至少5×5英寸（13×13公分）大小，因為平面圖可以數位化，日後視需求縮小尺寸。細心考慮合身度、分量感、舒適度，因為絕少衣服會直接落在穿著者的皮膚上。

2·以代針筆

完成鉛筆圖稿後，再疊上另一張打版紙，或使用一般畫紙，一起放在燈箱上用代針筆描出乾淨的圖畫。

3·加上陰影

陰影並非必要，不過可以用淺灰麥克筆增添陰影，表現某種分量感或衣服內部（例如從正面觀看襯衫時的後領區域，或是前短後長裙的後片下襬）。

數位平面圖

1. 匯入樣版

將平面圖樣版數位化，並匯入軟體。

2. 加上線條

以線條工具，將衣服款式視覺化。注意使用的線條質感要保持具體和流暢感。

3. 加上縫線和細節

Adobe Illutrator等軟體可以輕鬆設定規律的虛線，比手繪方式更能俐落地表示可見縫線。數位法的主要優勢，在於可以開發「筆刷」，或是自動化樣本（automated swatch），用在拉鍊、扣合物和邊飾、輔料（finding）等。長期下來，數位繪圖法比手繪快速多了。

最後，所有的平面圖都必須是優美的白描圖畫，避免不必要的生硬感，要反映衣服的流暢度、合身度與魅力。平面圖也要包括所有衣服的服裝構成細節，例如縫線、明線、皺褶、褶襉、鈕釦、拉鍊、荷葉邊（ruffle）等。最重要的是展現所有縫製物或是明確的立體感，例如皮草或麻花針織的紋理質地。為了方便參考，本書書末附有平面圖範例。

在平面圖中，通常不會使用色彩。這是因為同樣的平面圖會用來開發單品的**生產流程**，可能會包含素色和印花織物等多種色彩選項。因此平面圖必須是乾淨俐落的白描圖畫，直到所有規格都確定下來。

優秀的平面圖，能夠成為開發規格圖的有效出發點，後者會增加平面圖中既有的資訊，提供額外細節、特寫視角、內部視角，以及任何其他工廠生產所需的資訊。

強納森・海登製作的數位平面圖。

彙整系列圖表

系列圖表是非常實用的工具，讓買手一眼就知道衣服所有可用材質的選項。系列圖表普遍會包含在設計呈現中，以強化設計師對買手需求的反應性，同時也可更清楚表達整體呈現中展示的膠囊系列／經典主打系列可以如何發展成更廣泛的有趣選項。

備製有效完整的系列圖表，通常需要兩大關鍵元素：系列衣服的全部平面圖，以及所有會用到的布料樣式，依照服裝種類分類（襯衫用、套裝用、大衣用、**下裝重磅／原實布料**等）。

下一步，就是複製每一件衣服的平面圖，加上各款式提供的配色。例如，若一款外套有四種不同材質或顏色，那就需要複製四張同一款外套的平面圖。

接著，在每一張複製的平面圖上，填入要生產的顏色和／或材質。素色款式使用Adobe Photoshop或其他設計軟體的「填色」或「油漆桶」工具，是快速的作法。有圖樣或帶質地的材質，最好的方法就是將布料數位化，以數位方式加入平面圖。當然，任何現有的衣服種類中，同樣的布料會重複出現在不同品項中。舉例來說，

不同款式的襯衫，都很可能以該產品線選定的一系列襯衫面料來製作。

發展系列圖表時，設計師要努力維持素色和印花布料，以及常賣色（staple，中性色、灰色、黑色、白色、深藍色）與**季節色**導向之間取得平衡。此考量適用每一種服裝，以及整個產品線。吸引買手的最佳方式，就是提供各色選項，展現對消費者需求的體認。

系列圖表的視覺呈現，普遍按照種類擺放服裝，將所有填色的平面圖以略微重疊斜向排列，展示各款式每一種布料的變化。這種排版設計團隊一般稱之為「瀑布流」（waterfall）。

為系列圖表發展的各種填色平面圖也常用於品牌行銷，以及銷售團隊開發產品線目錄，是在商展期間向買手展示的重要文件。

貼式口袋與腰帶
軍裝外套

純棉圓領 T 恤

狩獵襯衫，肩部與
袖子帶肩章

貼式口袋彈性羅紋袖籠
與下襬狩獵背心

紗染短袖Polo衫

短袖亨利領上衣

男裝運動系列系列圖表，展示每一個款式推出的布料選項。

規格說明書

時尚產業中，服裝生產最常外包給工廠，而非在設計工作室內製作。展現設計師創意能力與系列背後靈感的展示款，經常是在設計團隊的嚴密監控下完成。產品線中絕大多數的服裝都是由承包商打樣，買手選擇了款式後，承包商再接續監督最終生產流程。和外部工廠合作需要精確的溝通工具，叫做「規格或技術說明書」。其中包含的資訊彙整方式，必須盡可能降低誤解，也必須包含（常位在千里之外的）生產團隊可能需要的所有細節，以便充分了解設計的所有面向。

規格說明書普遍包含多個部分，每個部分著重的生產相關資訊元素略有不同。

一般款式資訊（general style information）：通常用於呈現規格說明書的首頁，包含正面和背面平面圖、**型號**或追蹤碼，以及可用的尺寸與配色。整本規格說明書的逐頁標題也會包含基本款式資訊。

材質、邊飾、輔料圖表：這張圖表列出製作衣服單品時所需的每一樣原料，從外衣布料到裡布、內襯（interfacing）、墊肩、縫線、鈕釦、拉鍊、以及任何邊飾。務必列出材質、邊飾、輔料等的上游供應商、採購時所需的產品參考編碼的明確資訊，並註明所需的數量與相關價格。要記住材質款式可能有多種顏色，因此精確的資訊至關重要。

規格圖（specification drawings）：這個部分呈現所有充分了解款式的必要視覺資訊。簡單的衣服或許一頁就足夠，但是細節繁瑣的衣服可能需要多頁，因為規格包括必要時所需的細節視角、內部結構視角、特寫，以及任何其他充分記錄衣服的視覺資訊。這些通常以所有相關的尺寸測量呈現，如口袋寬度、領子深度、標籤位置。

關鍵控制尺寸測量（key control measurements）：規格說明書的某一頁，通常會用來列出關鍵衣服的尺寸測量。以長褲為例子，必須包含褲管內側縫線全長，褲襠長度和腰部周長；外套和襯衫則要詳細說明胸圍和腰圍尺寸，以及背長、肩線和袖管長度。尺寸測量越詳盡越好，可確保生產團隊縫製的衣服達到設計團隊的具體期望。由於衣服是由手工製作，因此總會有些微不同，所有尺寸測量都應該列出，指出**允許誤差**（tolerance），即樣衣和生產流程製作的衣服之間可接受的尺寸測量差異。列表上32in Tol. ±¼的意思就是理想尺寸為32英寸，不過任何介於31¾和32¼英寸之間的衣服尺寸都是**生產者**可接受的。

妮基・凱亞・李（Nikki Kaia Lee）製作的規格說明書。

STYLE # TE2017	SIZE RANGE: WOMEN'S 0-10
STYLE NAME: DROPPED COLLAR JACKET	FABRICATION: 100% WOOL SUITING 100% NYLON TULLE
SEASON: SS/2018	SAMPLE SIZE: SIZE 6

FRONT + BACK VIEW

SPEC MEASUREMENTS

A.	BODY LENGTH	30"
B.	CHEST (1" BELOW ARMHOLE) CIRCUMFERENCE	56"
C.	WAIST	54"
D.	BOTTOM SWEEP	59"
E.	SLEEVE LENGTH	25.5"
	BICEP	18.5"
	ARMHOLE (CURVED)	25"
	SHOULDER DROP	2"
I.	NECK OPENING	15"
	COLLAR HEIGHT AT CENTER BACK	2.75"
K.	POCKET WIDTH	5"
L.	WELT POCKET LIP HEIGHT	.75"
M.	PLEAT LENGTH	12"

FABRICS

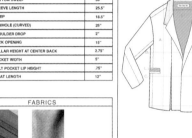

100% NYLON TULLE   100% SCREENPRINTED WOOL SUITING

FRONT VIEW

SPEC MEASUREMENTS

	BODY LENGTH	30"
	CHEST (1" BELOW ARMHOLE) CIRCUMFERENCE	56"
	WAIST	54"
	BOTTOM SWEEP	59"
	SLEEVE LENGTH	25.5"
F.	BICEP	18.5"
G.	ARMHOLE (CURVED)	25"
H.	SHOULDER DROP	2"
	NECK OPENING	15"
	COLLAR HEIGHT AT CENTER BACK	2.75"
	POCKET WIDTH	5"
	WELT POCKET LIP HEIGHT	.75"
	PLEAT LENGTH	12"

BACK VIEW

GARMENT DETAILS

"EMBROIDERED" COLLAR

NIKKI KAIA LEE

TOP COLLAR IS OVERLAID WITH A LAYER OF TULLE, AND BETWEEN THE LAYERS PLACE THE FOLLOWING:
- 9 LARGE SILVER SEQUINS
- 7 SMALL SILVER SEQUINS
- 27 SEED BEADS
- 15 BUGLE BEADS

BEADS WILL SHIFT IN BETWEEN THE LAYERS: DO NOT PHYSICALLY SEW THEM IN

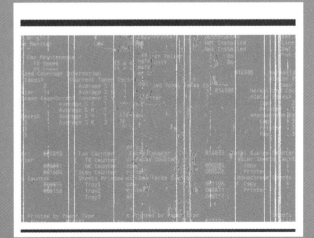

COLOR WAY OPTIONS

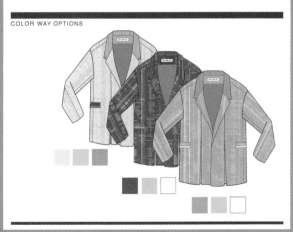

克里斯多福・雷伯恩的打樣間,設計想法在這裡化作原型。
設計師務必與打樣師和工廠有效溝通,避免失誤,付出昂貴
代價。

控制尺寸測量的規格圖表常會進一步發展，詳細列出所生產的每件衣服尺寸，以及各個尺寸測量與允許誤差的變化。這種圖表有時候也稱為「尺寸圖表」（sizing chart）。

服裝構成操作（construction operations）：為了達到最明確的效果，規格說明書可列出製衣操作的完整步驟，以引導生產團隊。每一道縫製步驟都會列出確實的指示。每一道縫線、邊飾和鎖釦工法都會簡短描述，搭配布料層次如何組成的圖解。資訊中也會指示每一道步驟所需的機器、車線與針腳長度的類型。

材質資訊（material information）：衣服所需的特定印花、布料處理或裝飾工法，可在規格說明書中的專門章節以完整技術細節解釋。這類資訊的其他有用元素包括樣本照片、工藝圖、加工步驟列表，以及正確的Pantone色號。

成本計算（costing）：規格說明書是成本分析的初步參考資料。成本是透過生產流程中每一件獨立衣服計算，因此有些成本，如材質和邊飾就會直接透過款式表示，其他如運送、版型開發、版型縮放等一次性費用成本則會除以流程中的衣服數量。

成本計算應包含下列細項：

· 材質成本，根據所需的布料、邊飾的明確數量。

· 製前成本，包括打版、版型縮放、標記版型、剪裁。

· 生產成本，列出**承包商**組成每一件衣服的明確費用。

· 其他成本，如**包裝**、運送，以及進口稅。

評估生產成本

所有上述列出的項目加在一起就是生產成本，通常會是批發價格的一半左右，批發價本身很可能依照不同商店加上一倍，成為最終的零售價格。因此，成本花費生產者15元美金的衣服的批發價通常是30元美金，零售價則是60元美金左右。

精準計算原始成本對某些位於市場較低級別和中間區隔的品牌而言特別重要。這些公司常常使用原始成本，決定要生產哪些款式，不符合這些品牌價格區間的單品通常就會從產品線中移除。

生產備註

具備製衣的深入知識對設計師而言至關重要，因為可有效提供創意選擇，從概念到規格說明書。事實上，時尚學生常常花費大把時間以**胚布**製作設計和最終原型。然而，必須體認到時尚產業中絕大多數的製衣工作並非由設計師直接完成。也就是說，設計師必須展現透徹的製衣理解力，因為他們最終要負責監督、引導，以及最後批准打樣師、剪裁師和生產專家的作品。

7. 作品集 和履歷

學習目標

· 思考創意品牌的作品集呈現

· 打造品牌視覺，並與品牌受眾
  溝通

· 了解年輕設計師的溝通受眾

· 評估作品集視覺呈現中使用的
  有效排版

· 思考數位作品集呈現平臺，以
  及平臺帶來的機會

· 認識成功履歷的關鍵要素

· 培養成功呈現設計作品的必要
  面試技巧

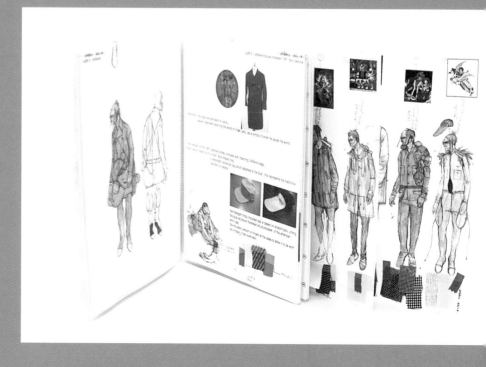

作品集的呈現

本章將介紹創意設計作品，如何一步步轉化成能夠向業界展示的素材。進入業界的年輕設計師透過發展**作品集**，展示創造力與技術技巧。作品集是經過包裝與編輯的專案系列，可以是實體筆記書籍形式，或以數位形式呈現。年輕設計師要盡早開始建立作品集，以一貫且有目的性的方式記錄設計專案，並且聚焦在他們希望建立連結的觀眾上，也就是時尚招聘人員。

要打造效果出色的作品集，需要詳盡的事先計畫，包括每個獨立專案的呈現，以及作品總體的整體包裝。設計師一定要從為自己決定品牌視覺開始，因為這將會滲入每一個經手的專案，且要能夠清楚明確地透過作品集展現。完成品牌視覺建立後，需要做出某些關於視覺傳達工具的關鍵決策，如logo、色彩運用、圖像設計元素，以及整體排版選擇，都將在本章討論。

設計師要為從業做好準備，光是有才華是遠遠不夠的。新人在招聘人員面前所呈現的一切，都是重要訊息。優秀的應徵者，務必在**履歷**和求職面試中展現出專業的溝通能力。

右圖：2018年的ITS（International Talent Support，國際創意人才大賽））作品集呈現。
對頁：艾托・特魯普的作品集。

打造品牌視覺

「品牌視覺」就是發展設計作品集的最佳工具，能讓主題聚焦。在第二章，我們探討過新品牌線的品牌走向與市場定位的關係，此處則將焦點放在建立個人品牌。因此，需要強而有力且一致的傳達。

年輕設計師在專業訓練的初期，就應該盡早決定想要從事的專業角色、市場區塊，或是特別有興趣的關鍵衣服種類。分辨個人小眾市場時，感到難以取捨是完全正常的。找出自己想走的道路，最簡單的方法就是試著問自己：「什麼會讓我快樂？」

當設計師找到能帶來深層個人滿足感的特定設計類型後，不管是為**輕奢**或**中價位**市場樣版製作、為設計師伸展臺開發織品，或是高級訂製（couture tailoring）設計，所有其他個人品牌建立都會水到渠成。

接下來，發展個人品牌視覺的步驟，就是要制訂一張清單，寫上和個人**小眾市場**有關的核心價值字詞。專注於**商店街**品牌樣版製作的年輕專業人員可能要著重在「平易近人」、「技術性」和「現代感」等字彙，若聚焦在訂製服等級的設計，可能要選擇如「藝術性」、「浮誇」、「奢華」等字詞。這些核心價值字詞可以接著寫成簡短的句子，或許會成為設計師的個人口號，並成為**構成**所有視覺傳達與作品集呈現的基石。例如「我的作品提供充滿藝術性的時尚視野，將奢華材質與超現實創造工法合而為一」。個人品牌視覺宣言也很可能引導設計師在所有專案中的工作過程，與系列發展的方式。

品牌標示、包裝、色彩、圖像設計，全都會用來做為作品集呈現的一部分，傳達個人品牌視覺。在把作品集呈現給觀看者時，應該要能讓人清楚地看出設計師個人的創意方向。

開發品牌標誌

「品牌標誌」是個人品牌的第一個圖像代表，在業界扮演重要角色，因為所有商業品牌建立的形式皆以品牌標誌為中心。舉例來說，土星成為Vivienne Westwood作品的同義詞，YSL品牌標誌本身就是Yves Saint Laurent品牌的一體，是品牌的體現。在業界中，剛起步的創意之聲開發效果鮮明的品牌標誌非常有用，同時又極具挑戰性。

出色的品牌標誌無須多做解釋，就要能有效傳達品牌價值或品牌視覺。許多品牌標誌主要使用設計師的名字，有些品牌則以非字面的方法傳達。例如Nike「勾勾」標誌，清楚流露品牌的焦點在於動態、速度、積極感。即使是聚焦在文字傳達的品牌，也會刻意使用**字型**（typography）以傳達品牌價值。TopShop的品牌標誌使用俐落的無襯線字體，傳達親民與現代感，Alexander McQueen的品牌標誌則使用較繁複的襯線字體，讚頌品牌的奢華與歷史主義。因此對個人品牌而言，決定品牌標誌的造型要先有明確的視覺和價值，品牌標誌則要以如何有效傳達選定的訊息為基礎進行評估。

寶拉・雷歐（Paola Ríos）的品牌標誌設計開發。

有力的品牌標誌設計的關鍵因素包括以下。

簡潔的圖像或字型：出色的品牌標誌要能運用在任何物品上，從標籤到名片和店面招牌。品牌標誌未來將應用的格式多變，因此盡量不要使用錯綜複雜又充滿細節的圖像或字型。

易讀性：品牌標誌的用意，在於使觀看者一眼明白，因此要避免妨礙內容與訊息清晰度的設計元素，以及過於抽象的圖像。

使用適當的色彩：色彩在傳達品牌價值中扮演關鍵角色。有些品牌受惠於充滿趣味的美感，有些品牌則以極簡黑白設計完美體現。例如Betsey Johnson或Accesorize就非常適合鮮豔的桃紅色，但是對Dior等品牌而言則完全不搭調。另一個考量，就是時尚產業中絕大多數的品牌標誌都是經過特

意設計，便於梭織在衣服標籤上。這難免會限制標誌中可使用的顏色數量，同時又要維持合理的成本效益。

成功的品牌訊息：任何品牌標誌設計的核心挑戰，都在於如何訴說品牌故事。差勁的品牌標誌設計透露的價值可能會不同於品牌本身的中心價值，甚至更糟，無法傳達任何有意義的訊息。若設計師希望展現奢華感，品牌標誌卻主要傳達出簡樸的手工感，就會嚴重誤導品牌的形象。

上述所有挑戰與常見錯誤，只要在品牌標誌開發過程中徵詢意見，就能輕易避免。盡可能搜集眾人的回饋絕對值得，利用社群媒體平臺進行意見調查也很有用。整理並根據回饋行動，對任何設計作品而言都是不可或缺的。

以手工裝幀技法，和厚實材質製作的實驗性作品集小冊子，效果絕佳。橋上桃子（Momoko Hashigami，音譯）製作。

包裝

無論在商業品牌，還是在個人創意身分的背景下，包裝在傳遞品牌價值方面，與標誌設計一樣重要。這與**零售業**的相似之處顯而易見，年輕設計師應注意互動的招聘人員、買手，以及其他專業人士，他們已習慣透過包裝理解品牌。

材質和色彩選擇，是建構出色包裝的主要元素。俐落簡潔的壓克力盒對某些品牌而言，或許能符合形象，而手工裝幀加上壓花皮革文件夾，則可能適合另外某些品牌。

作品集呈現的包裝方法往往不出兩大類型：書本和盒裝。

裝幀格式對觀眾較容易閱覽，但是對大群觀眾展示時，可能就沒那麼方便。建議設計師選擇可隨意加入或取下內頁的裝幀方式，如此對特定觀眾而言更實用。因此，許多作品集最後都採用活頁裝幀的書本形式。

以盒裝呈現散頁或板狀作品集的優點，就是能讓多位觀者同時分享觀看。然而，這種靈活度卻可能讓呈現者更難以掌控作品的觀看順序。盒裝呈現通常更適合展示大型織品樣品、立體樣本或3D樣版。

所以，有些設計師選擇結合兩種形式，以書本呈現主要設計作品，並在附屬盒子中加入樣本和樣版。

市售作品集的材質變化五花八門，包括竹製、壓克力、鋁製、皮革、軟木。這些材質絕大多數都能以鏤刻或雷射切割輕鬆客製化，呈現設計師的品牌標誌或其他吸引目光的視覺素材。與其購買作品集書冊或盒子，有些設計師研究裝幀工法，製作獨一無二的手工呈現。不過，還是應該要根據工法與個人品牌價值的關聯性做選擇。

招聘人員一整天下來，可能必須審閱大量作品集，因此，最重要就是以獨特個人化的呈現抓住注意力。出色的包裝可以在目標觀眾翻開作品集之前就吸引目光，使觀眾感受到品牌訊息，驚艷於設計師投入的心意。包裝要能夠透露品牌的所有視覺傳達，從作品集、**造型手冊**（lookbook）、履歷，到賀卡，「一致性」是達到效用的關鍵。

右圖：建立品牌的所有元素要能在各種媒材與格式開本共同發揮作用，例如此處的為阿札德·金皮耶（Azede Jean-Pierre）設計的媒體素材包與作品集書籍。

下圖：凱文·沃威克（Kevin Warwick）的一系列作品集內頁，展示設計發想、靈感、開發、系列細節的所有面向。

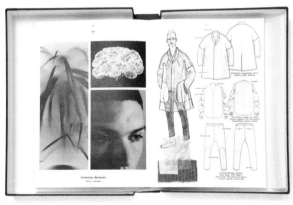

了解觀眾

接下來，要介紹作品集格式內容中，單一專案的標準呈現元素。

封面：封面就像是作品集的舞臺，最好不要為系列標註時期，放上標題即可。這可讓作品集的效期更長。

靈感／概念板（inspirational/concept board）：搜集來的視覺靈感一覽。

氛圍板（mood board）：呈現開發系列的情感走向。

消費者輪廓：描述當季的產品系列預期的消費者生活風格，並視覺化。

色彩：應以調色板或顏色條呈現，附上明確的Pantone色號。色彩不需要獨立占一個頁面，可以加入前述版面的一部分。

過程：開發系列中進行的創意過程視覺一覽。可將過程筆記中較出色的頁面數位化，或是製作過程拼貼。

材質：相關的原創與原始（source）材質的實體樣本。

上色草圖的整體展示：常在作品集中跨頁呈現，整體展示的表現手法彷彿系列走上伸展臺。

平面圖：包括所有衣服的正面與背面平面圖，傳達產品設計的服裝構成詳細說明。

插畫：雖然有些作品集專案並不包含時尚插畫，不過應該將之視為創意敘事的寶貴工具。

系列圖表：詳實呈現每個款式的每一種顏色選項。圖表可強調市場覺察力的溝通。

造型手冊／完成衣服的圖像：若衣服本身未在呈現過程中展示，就應該附上造型手冊／完成衣服的圖像。不過，沒有必要同時呈現衣服的實體與照片。

規格說明書：加入少量系列中關鍵款式的說明書，可表達設計師對生產過程有深入了解。

在每一個專案呈現中，都應包含上述這些說明元素，才能確保系列涵蓋最重要的基礎。

每個設計師的創作過程都是獨一無二的。雖然聚焦在個人品牌價值，有助於產生整體作品的一致訊息，然而呈現作品集的時候，設計師務必也要考慮觀眾的需求。在設計師的早期訓練與職業生涯中，很可能要面對種類廣泛的觀眾群，包括媒體、招聘人員，以及買手。每一個觀眾類型都會期待看見某些特定物件。媒體工作者較可能受設計理念、創意過程、原始探索與藝術性執行吸引。尋找設計角色的招聘人員常希望看見創意和技術知識的平衡，而尋找技術性職位的招聘人員則可能全然關注技術知識面。買手希望看見當季的產品系列如何打入市場，迎合他們的消費者的需求，同時明確了解價格點和生產過程。因此，編輯作品集並且為特定觀者客製化的能力非常重要。例如向媒體呈現時，或許可以移除部分規格說明書的頁面；若是向技術設計性工作呈現，可減少較實驗性過程的頁面。

2018年的ITS（國際創意人才大賽）設計評審團。所有年輕設計師都要習慣向各類業界專家呈現作品，感到從容自在。

　　雖然設計師普遍會讓每一個專案聚焦在某個面向，使其對特定受眾更具吸引力，不過每個作品集專案本身一定都要完整。每一個專案都要展示出發點、探索、結論，帶來堅持不懈與專業感。避免從各種專案中隨意拍攝系列以構成作品集，這麼做會使作品集顯得混亂且不專業。

　　由於面試時，作品集呈現很少能超過15分鐘，因此作品集要以三或四組完整發展的專案構成。試圖談論所有完成的作品不僅累贅多餘，還會惹人反感。應依照觀眾選擇欲呈現的專案。

　　在時尚產業剛起步時，年輕設計師必須依照自身的創造興趣與才能，決定專門領域。這點不僅對做為建立個人品牌的起點相當重要，也會構成設計師的職業道路的基石。

　　選定的創意專門領域，將決定設計師接下來想應徵的職位，如此一來，也能更精確地篩選呈現作品集的潛在觀眾。

效果出色的排版

作品集的版面該如何配置呈現，包含許多不同面向的挑戰。每一頁都必須精彩出色，在其隸屬的明確專案中恰如其分地發揮作用，並為整個作品集帶來有力貢獻，因此需要多層次的計畫。

頁面開數與排版

決定作品集整體的規格，可做為思考的起點。標準的作品集開本，通常不會大於11×17英寸（28×43公分，接近A3），所有頁面都要統一呈現**直式**（portrait）或**橫式**（landscape）。絕對不要混合不同方向的頁面，因為會讓呈現顯得怪異雜亂。如果作品集朝書冊的方向製作，設計師就要注意兩個並列頁面會同時被看見，形成作品集**跨頁**的完整視覺空間，也就是選定頁面的尺寸的雙倍。這表示11×14英寸（28×36公分）的直式頁面會形成22×14英寸（56×36公分）的跨頁，而11×17英寸（28×43公分）的橫式頁面則會成為11×34英寸（28×86公分）的跨頁。規劃每一頁時都不可忘記這點。

頁面的排版，通常可分為兩大類：結構型（structured）或有機型（organic）。結構型頁面排版是將每一項元素沿著明確線條和有組織的安排方式配置，產生整齊有效、有時偏向客觀的結果。有機型排版要探索實體或數位拼貼技法，打造出流暢有創意的頁面構成，不過，如果操作不善，也可能會令人困惑。無論採用哪一種方法，每一頁的排版都要將觀者的目光引導至焦點區，很可能是頁面上最大的圖像區域。

內頁通常會依簡單的「網格排版」來建構。將頁面四邊劃分成2、3、4、5或6個單元，可生成簡單的網格，做為規劃頁面的基本框架。無論實施結構型或有機型排版，以網格為基準有助於維持某程度的整體規劃感與平衡。即使是拼貼類型的頁面，也要有精心安排的感覺。

製作多頁呈現的分鏡

作品集中的每一個專案單元，以及作品集整體呈現，都要以吸引觀者注意力的企圖來執行，同時傳達設計師的創作才能與技術能力。確保多頁呈現的效果出色的最佳方式，就是在著手製作每一個頁面或版面之前先創作**分鏡**（storyboard）。無論是手工或數位執行，分鏡都要以正確比例展示概念縮圖，如此設計師才能對整個專案的視覺化一目了然。分鏡可用來確保排版有足夠動態維持觀者的興趣。分鏡要決定每個跨頁如何運用大小、位置、**構圖**（composition），以及圖像設計元素，將整體頁面呈現化為印象深刻的視覺體驗。如果在此階段看到重複或單調的排版，就必須以效果更好的作品取而代之。

3×3、4×4、5×5方格頁面排版選項

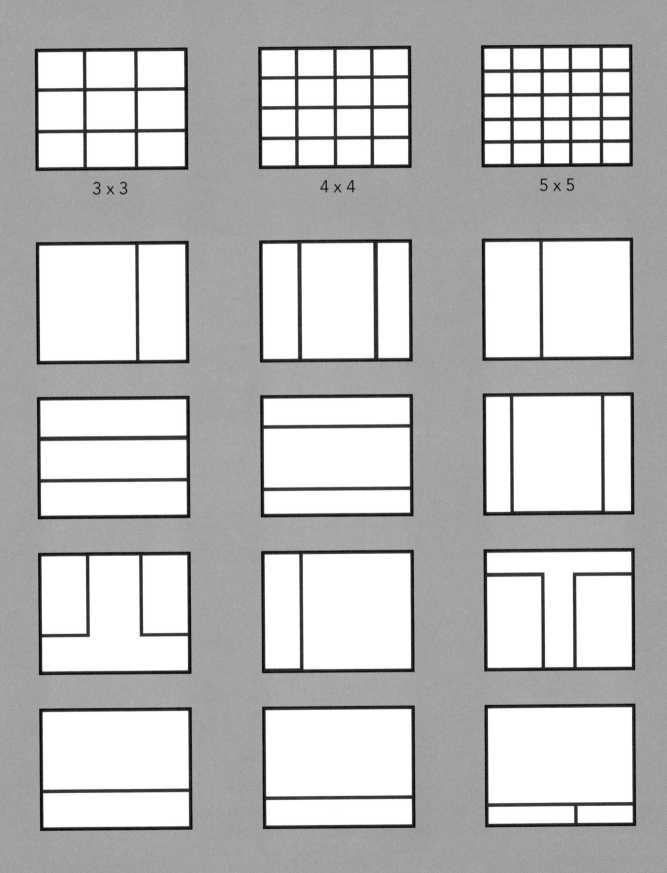

3 x 3   4 x 4   5 x 5

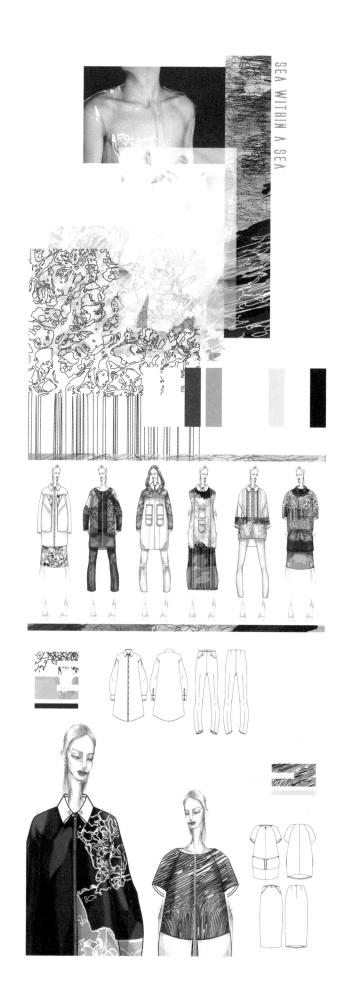

維洛莉亞 · 波奇（Valeria Pulici）
的數位作品集排版。

數位作品集

線上呈現作品令設計師獲益匪淺，被全世界看見，可提升設計師的公眾形象，增加受雇、媒體注意，以及創意合作的機會。個人作品集網站的作品呈現方式帶來極多創意變化，設計師能透過互動式內容、多媒體傳達、動畫元素等吸引觀眾。

現在，有很多公司的招聘人員會利用數位作品集平臺來尋找人才。例如Behance.net、ArtsThread、Styleportfolio.com、Coroflot.com，以及其他許多網站。每一個平臺的導向架構與搜尋能力各異，可能的使用者亦然。有些平臺較受北美招聘人員歡迎，有些平臺則更受歐洲與其他地區的招聘人員喜愛。無論是哪種情況，都強烈建議年輕創作者在這些主要的作品集平臺上向業界展現自己。個人網站可帶來更多量身打造的美感，然而，除非已經知道設計師的名字或網址，否則很難被發現。因此，作品集平臺就是非常有用的集散地，讓招聘人員簡單透過幾個關鍵字就能搜尋發現設計師作品。

個人作品集網站與作品集平臺頁面，一定要與設計師的社群媒體檔案連結，如Instagram、Facebook、Pinterest、Tumblr和LinkedIn。若不這麼做，就會減少作品被看見的可能性。

由於每一個數位作品集平臺都以不同方式規劃與呈現視覺素材，因此作品集可能需要依需要重新編排後再發布，使其符合各個平臺的視覺架構。Behance以直式頁面排列配置作品集，ArtsThread頁面則是橫式的。有些平臺一次只會展示單張圖像。因此對設計師而言，挑戰在於無論使用哪個平臺，都要確保能以最佳方式呈現作品。因此值得花時間發展平臺專用的分鏡，以重新編排作品發布的先後順序。

下列技巧適用於所有數位作品集平臺。

頁面方向：絕大多數的招聘人員會使用電腦螢幕，而非智慧型手機瀏覽作品集平臺，這代表作品要以橫式呈現。整體作品呈現皆採用橫式，重新編排原本以直式呈現的作品，或是以數位方式將兩頁直式頁面拼成「跨頁」圖像再上傳。

解析度和圖像尺寸：印刷用圖像一定要以極高解析度（300dpi/ppi或更高）存檔，將大型檔案上傳至線上相當困難，而且對瀏覽者而言，可能會因為下載困難而感到麻煩。做為數位出版品用途的影像最多存檔至11×17英寸（28×43公分），也就是A3大小，解析度72dpi/ppi，並將多圖層圖像合併轉存成單一圖層檔案。

選擇出色的封面：許多招聘人員瀏覽作品集平臺時，常常只看大部分專案的封面。事實上，決定是否點進專案觀看完整作品，正是取決於封面的圖像。搶眼出色的封面要能夠吸引觀眾，展現整個專案中應用的創意才能與技術能力。

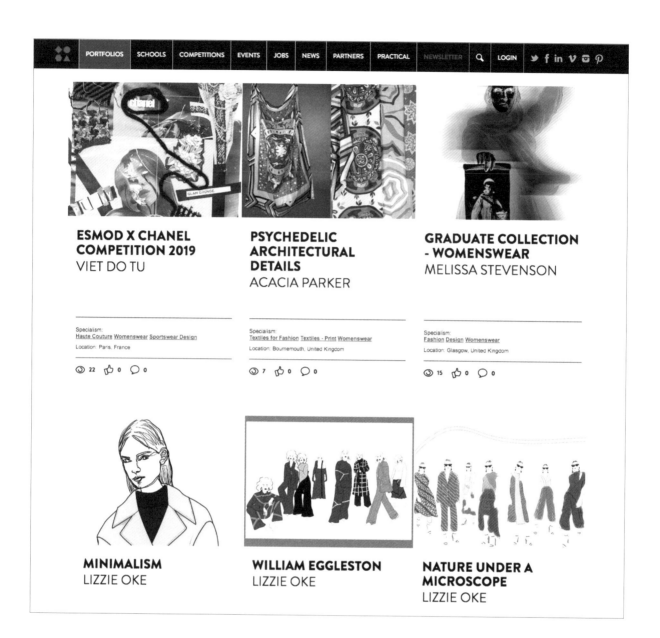

封面圖是數位作品集的第一印象，如圖所示的ArtsThread網頁。務必用心選擇封面圖像，對吸引目標觀者的注意力非常重要。

色彩管理：將圖像數位化時，尤其是掃描或拍攝手繪插畫或素描本頁面時，色彩平衡常常會改變。在視覺傳達的所有步驟中，控制色彩平衡的程序常稱為色彩管理。使用掃描機而非相機，是將平面作品數位化的最佳方式，因為掃描機通常經過色彩校正，較為準確。若是以文件形式記錄的織品、樣版，或是衣服樣本，就只能以照片呈現。這種情況下，確保適當色彩準確度的最佳方式，就是利用漫射自然光記錄這些物品。無論初始的文件記錄程序為何，每一張記錄下的圖像都要經過色彩平衡調整，然後在不同設備上觀看圖像，以確保色彩管理的一致性。

數位作品集的橫式排列與直式排列選項

橫式排列

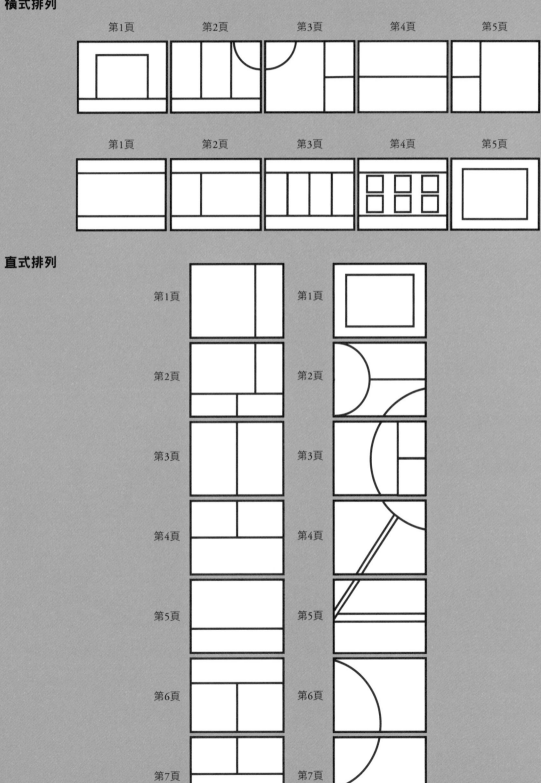

直式排列

履歷

作品集是招聘人員尋找設計人才時的首要參考素材，不過也別低估了精彩履歷的重要性。設計師與創意專業人士有時或許會覺得履歷枯燥無趣，不過，這些文件能快速提供關於應徵者的主要資訊，而且介面相當友善，在同一個職務比較不同履歷時，這種表格就很一目了然。履歷的主要目的是清楚直接，不過，設計師常常會在其中加入個人品牌元素。可以加上個人品牌標誌，或是選擇與作品集包裝搭配的色彩和字體。這些元素必須謹慎使用，以免模糊履歷的焦點。

整體而言，履歷的排版要乾淨、容易閱覽，而且要提供明確資訊。必須強調個人資訊，如姓名、地址、電話號碼、社群媒體連結，並加上核心能力的簡潔摘要。列出核心能力時，務必力求誠實並能提供有效資訊。例如列出「縫製服裝設計」遠比「**衣服**」清楚多了。有些設計師喜歡加入簡短的個人「動機信」，不過常常顯得平凡乏味，因此建議不需要加上。

僅需列出與職業準備有關的學位與職位。就這方面而言，大學期間在零售業打工，或許和任何層級的求職應徵多少有關，不過日後在設計師職業生涯中，最好從履歷上移除。過於繁複的視覺素材，如大型插畫或存在感太強的圖像都應避免。只要記住這點，有些設計師會發現利用簡單的製圖工具，就成功表現他們熟練專業軟體或具備流利的外語能力。整份履歷不可超過兩頁，這點或許顯得有點挑戰性。

履歷必須扼要有組織，而且容易閱讀。

基本履歷排版與圖像設計元素

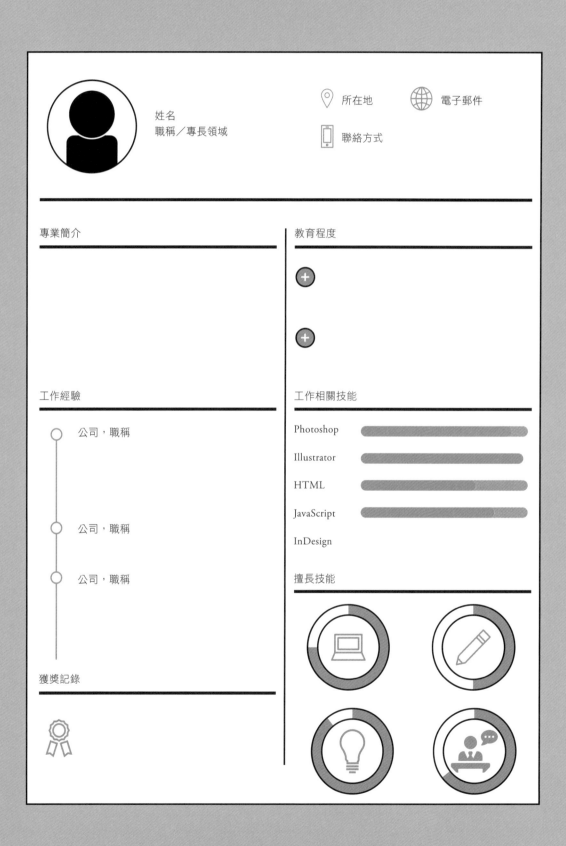

面試重要技巧

參加專業面試，常令人感到心力交瘁。不過切記，面試不是考試，而是與你的觀眾連結、展現自己的機會。求職者受邀前往面試時，別忘了招聘人員通常已經以數位形式看過作品，而且要相信作品本身就能展現該職務所需的技能。唯一的問題在於求職者是否能適應團隊。設計訓練常常極為注重個人創作過程，然而業界的工作則總是團隊合作，因此最重要的是展現融入團隊組織的能力。

以下是幾項面試的重要技巧。

調查（research）：求職者一定要調查即將前往面試的公司，運用這些資訊準備談話重點。務必聚焦於自己能為公司帶來的正面貢獻，表達自己是最適合的人選。面試前的調查包括搜集該公司作品的視覺參考資料，找出真心喜愛的設計手法與產品。重要的是，涵蓋商務新聞、當前潮流的相關研究，以及任何可能促進對品牌與設計脈絡更深入了解的其他資訊。

先用心聆聽，再有目的地開口：讓招聘人員引導對話是最好的作法。務必仔細關注他們說的話，回答時要表現你用心聆聽。

年輕設計師常常害怕寂靜無聲的時刻，感覺有必要說話打破沉默。避免這項錯誤的最佳方法就是為作品集中的每一個專案制定簡單的談話重點，確保依照邏輯順序組織重點。招聘人員在查看專案時，不需要告訴他們頁面上那些顯而易見的內容。反之，他們會希望聽聽設計師的獨特創作手法，或是曾遭遇的挑戰，以及這一切如何促使專業能力成長。

自信：在任何面試中，進行眼神交流是很重要的，避免防衛性的肢體語言，要將面試者想像成朋友。職場上的團隊夥伴彼此建立起真正的友誼時，就會充滿動力，在時尚設計這類領域中尤其如此，因為絕大多數的日常活動與決策面往往都是共同處理的。設計會議、產品線審核會議（line-review meetings）、行銷會議、產品會議……這些都只是需要出色人際關係能力的眾多專業場合的冰山一角。因此最重要的是在面試中自然展現友善開放的舉止。

對頁：2018年ITS（國際創意人才大賽）中的設計呈現與面試。

招聘人員檔案：艾蓮娜・貝茨（Elaina Betts）

艾蓮娜・貝茨是JBCStyle Fashion Recruiters的資深招募專員。

你為何想成為時尚人才顧問？

畢業時，我並沒有刻意選擇時尚招募。這份工作就像許多美好的事物，從天而降，為此我也非常感恩。我擔任過的每一項職務的核心，原則一直都是透過我的工作讓消費者與時尚連結。招募人才讓我能夠結合連結人們的專業能力，與進一步追求時尚創意的個人熱情。透過招募人才，我得以運用強大的業界知識、在市場中的個人經驗、時尚專門的學位，以及喜愛與他人連結的本性，幫助創作者尋求專業發展。

你覺得年輕設計師在作品集中展現什麼最重要？

我認為，設計過程的作品是應徵者作品集中最重要的部分。我們的客群對乾淨俐落且賞心悅目的作品特別有興趣，也會透過完整**上色的草圖**素描評斷應徵者的設計能力。

許多年輕設計師將時尚產業視為殘酷的環境。你覺得應徵者應該展現哪些最基本的個人特質？

年輕設計師要懷抱高度熱情與毅力進入業界，還要記住所有他學習到的知識。這個產業的競爭激烈，然而，對全心全意尋求機會的設計師而言並非無法進入，研究自己有興趣的市場、與其他創作者建立人脈網絡，並且花時間吸收資訊，同時在行業中堅持下去！

你會給進入時尚產業的年輕專業人員哪些最重要的建議？

我不得不強調，年輕設計師而言，重要的是針對自己的偏好種類與有興趣的市場磨練個人美感與知識，然後盡快尋找明確的業界經驗。我們的客群要求經驗豐富的應徵者，並且要在他們的獨立市場區塊與種類具備曝光度。很現實的是，經驗極度多元的設計師，在書面資料上可能會被解讀為不適任。「樣樣通」也常被許多潛在雇主視為「樣樣不精通」。如果年輕設計師的小眾市場是「高級當代女裝」（Women's Advanced Contemporary），那麼關鍵就是要訓練眼光，培養一致的美感，尋找這塊市場中以建立聲望的雇主的相關經驗。

Metropolitan Unique Bold Minimalist Contemporary

COLLECTION

麥儂‧歐凱（Manon Okel）的作品集內頁。

時尚產業的發展將如何改變招募者的關注焦點？

我們在時尚產業中看到大量增加的自由工作者、臨時轉長期與契約機會，而這股趨勢應當會持續下去。過去是固定工作在市場機會占優勢，在長期雇傭中，短期自由工作經驗對應徵者不利。然而，隨著市場機會的變化，洗刷了自由工作職務的汙名，逐漸了解這對各方而言都有益處。應徵者對自由接案工作的偏好也逐漸增加。

從客戶的觀點來看，這類自由工作的安排，讓品牌得以在正式雇用前，測試應徵者與辦公室文化磨合的能力，審視他們的表現力與軟技能。這也讓年輕設計師更早開始建立人脈，豐富履歷，並更快獲得在企業工作的機會，同時持續尋找應該選擇的固定工作。此外，短期合約機會過剩也誘使資深設計師有餘力建立個人品牌：他們可以自由接案，建立品牌的同時有收入，也無須承擔長期職務的額外責任。

專有名詞

每個國家的詞義可能不盡相同，專有名詞中列出的部分詞彙會先標示主要用法（通常來自美國和英國），隨後補充最普遍的同義詞。這些地區以外的創意團隊往往會使用設計經理偏好的專有名詞。以英文字母順序排列。

A

Achromatic colors 無彩色：白色、黑色、灰階，皆不包含**色相**（hue）。

Analogous 類比：利用**色輪**（color wheel，例如藍＋藍紫＋紫，或是黃＋黃綠＋綠）上彼此直接相鄰的**色相**（hue）的色彩搭配。

Apparel/Clothing 衣服：遮蔽身體的穿著物，使人端莊，並抵禦惡劣天候。

Appliqué 貼花：將裝飾用布塊貼縫在底材上的技法，被視為**裝飾**（embellishment）的子類型。

B

Beading 珠飾：在布料上應用串珠的裝飾，主要透過縫製完成。

Belle époque 美好年代：在法文中，「美好年代」意指1871~1914年，在歐洲出現浮誇鋪張的裝飾風潮。

Better 輕奢：介於設計師**副牌**（bridge）和**中價位**（moderate）之間的市場級別定位。Banana Republic和COS等品牌都屬於輕奢市場。

Bias 斜向布紋：在平紋針織布料上與布邊呈45度角的線。

Bottom-weight fabrics 下裝重磅／厚實 布料：適合構成長褲的布料，但不能製成西裝外套。包括卡其斜紋布（chino）、丹寧、燈心絨，以及其他許多布料。

Brand identity 品牌識別：公司透過外觀、產品與服務傳達的整體訊息。

Bridge 副牌：介於**設計師**（designer）和**輕奢**（better）市場級別定位之間。Vivienne Westwood Red Label和Michael Kors皆屬於副牌市場。

Brushing 磨毛：以滾筒刷改變布料表面的工序。經磨毛處理的布料的觸感柔軟（例如法蘭絨），某些布料還會帶高度光澤（如西裝大衣布）。

Bubble-up trend/Trickle-up trend 逆流趨勢：源自次文化和街頭的風格，而後被價位較高的市場區塊模仿。

Budget/Mass-market 低價／大眾市場：價格最低的市場級別。Fade Glory（Walmart）、Old Navy、Primark之類的品牌皆經營低價市場。

Burnout/Devoré 燒花： 酸性化學物質塗在天鵝絨、緞紋布或平織布等混紡布料上製作表面裝飾的技術。酸液會腐蝕布料的一部分，創造出壓花或植絨的表面外觀。

C

Cable knit 麻花針織：增加**經編**（weft-knitted）布料質地的技法，通常呈現辮織（braiding）或麻花造型。

Category 種類：依照功能用途或生產過程所定義的**衣服**（apparel）類別。如梭織上衣、丹寧、**縫製針織衣**（cut-and-sew knits）和外衣，都是衣服種類的例子。

Classic 經典：指長時間受歡迎而且地位不墜的造型。牛仔褲就是經典風格的例子之一。

Collage 拼貼：以配置個別物品為基礎的**設計實驗**（desgin experimentation）創作法，例如從研究中取得的布料樣本和珠飾。

Color bar 顏色條：服裝線或系列的顏色之視覺化工具，取得平衡以反映每個顏色的使用比例。

Color management 色彩管理：確保多種媒材與數位工具中的顏色一致性的手續。

Color palette 調色盤：設計師為服裝線或系列所選擇的各種顏色。

Color wheel 色輪：用圓形排列展示所有顏色範圍的視覺化工具。

Competitive analysis 競爭者分析：研究並評估其他公司在既有市場中經營的步驟。

Complementary 補色：以位於色輪直徑兩端組成的配色，例如紅－綠，或是黃－紫。

Composition 構圖：視覺元素的安排配置，創造出物品或圖像。

Concept 概念：引導設計發展過程的創作方向或靈感。

Concept board/Inspiration board 概念板／靈感板：用於引導設計過程或系列的創意概念之視覺一覽。

Conceptual design 概念性設計：聚焦在發展設計與生產過程新方法的創作方式。

Construction 服裝構成：衣服裁片組合成服裝成品的方法。

Consumer segmentation 消費者區隔：將消費者劃分成較小類別。

Consumption 消費：日常生活中物品與服務的購買力。

Contractor 承包商：依照生產者（manufacturer）的詳細說明，承攬生產衣服、織品、邊飾或其他衣服元素的行業。

Control measurements 管理尺寸測量：提供給承包商（contractor）參考的尺寸測量，確保製作的衣服符合尺寸標準。

Costing 成本計算：設計品開始生產與銷售之前製作的列表預估的生產成本。

Costume 服裝：屬於某個文化族群、社會階級、職業或民族認同的衣著風格。「Costume」一詞也用在討論歷史風格中。

Course 緯圈：經編（weft knit）針織中的橫排針腳。

Crewekwork 英式羊毛繡：刺繡類型的一種，通常使用羊毛繡線製作，1600年代流行於大不列顛。

Croquis/Fashion sketch 草圖／時尚素描：在站立或行走的拉長人形上，快速將成套服裝視覺化。另外請見**上色草圖**（rendered croquis）。

Cross grain 橫布紋：在平紋針織布料中，這是指與布邊呈90度角的紗線方向。

Crushing 壓皺：需要高溫的表面處理法，在布料上製造定型的隨意皺褶。冰花絨（crushing velvet）不僅可生成這些皺摺，還可以隨機壓平表面，賦予布料「碎裂」的效果。

Customer profile 消費者輪廓：消費者的生活風格與喜好的視覺化。

Cut-and-sew knits 縫製針織衣：剪裁並組合針織布料裁片的衣服類型，如平織布、刷毛、絲絨（velour）。

D

Dart 縫合褶：在服裝構成中加入 V 形褶襉，為特定部位提供立體感和分量感，如胸部、背部、肩部或臀部。

Deconstruction 解構：拆解衣服的過程，或是以刻意未完成或粗製方式構成衣服。

Demographics 人口統計：根據可量化數據，如年齡、性別、地理位置、教育程度或職業等製作的消費者調查。

Designer 設計師（市場級別）：時尚產業中最高價的**成衣**（ready-to-wear）。設計師級別的品牌會定期透過伸展臺呈現產品。

Design experimentation 設計實驗：設計過程的第

二階段，聚焦在**概念**（concept）和研究的所有可行設計應用的創意探索。

Design imitator 設計模仿者：仿效既有風格與趨勢以將利潤最大化的公司或品牌。

Design innovator 設計創新者：具前瞻性的創新產品的個人、公司或品牌，不受商業趨勢局限。

Design interpreter 設計詮釋者：加入市場意識與適當創意創新度打造產品的公司或品牌。

Design methodology 設計方法：創作過程的方式。例子包括**草圖**（croquis）素描、**拼貼**（collage）、立體剪裁、3D建模。

Design refinement 設計改進：設計過程的最後階段，聚焦在以平面方式搭配、編輯，以及最後修飾設計範圍和產品線。

Diffusion line 副線：**生產者**（manufacturer）開發的**衣服**（apparel）線或是其他時尚相關產品，以較主牌低廉的中心價販售。

Digital draping 數位立體剪裁：將設計視覺化的數位方式。

Digital printing 數位印花：使用電腦化的機器，將數位圖樣直接施加在布料上的印製技術。

Dip-dyeing/Ombré 浸染／漸層：紗線或布料部分應用染色；這項技術主要用來達到色彩漸層。

Double complementary 雙補色配色：使用兩組補色構成的四色配色。

Double knit 雙面布：同時以兩根紗線針織的製布技術，通常採用不同顏色，完成的布料較厚，而且帶多種顏色。

Dress 服飾：某群人口用來保護與裝飾人體的所有物品與習慣的統稱。其中包含服裝、珠寶、彩妝、鞋履。

Dress form/Form/Stand 人臺：人形立體模型，用來在立體剪裁和開發衣服時取代真人模特兒。

E

Editing 編輯：透過修正、濃縮，或是修改內容，準備作品整體出版呈現的過程。

Editorial 編輯主題：用以展現編輯觀點的攝影或書寫。編輯主題攝影通常經過搭配和拍攝，以達到高級的美感價值。

Embellishments 裝飾：用於美化布料的裝飾技巧家族。**刺繡**（embroidery）、**珠飾**（beading）、**貼花**（appliqué）和、**亮片**（sequin）工法都是裝飾的不同形式。

Embossing 壓花：以凸起的壓印器壓在材質上改變表面的工法。

Embroidery 刺繡：屬於裝飾用途的縫紉技巧，用於**裝飾**（embellish）布料表面。

Engineered 工程（表面加工）：以衣服的立體形式為基礎規劃印製或**裝飾**（embellish）設計，讓完成的視覺圖樣與**縫線**（seams）和**縫合褶**（darts）能流暢配合。

F

Fabric trade show 布料商展：織品業界的個人與公司之間的專業聚會。絕大多數的布料商展都以這種方式舉辦，使所有織品生產者能向**衣服生產者**（apparel manufacturers）展示產品與服務。

Fabrication 織造：以纖維或紗線製作布料。氈化、梭織和針織都是織造工法。溶液織造是透過讓塑膠固化所製成，用來生產乙烯基和聚氨酯之類的材質。「織造」普遍指稱一般時尚織物。

Fad 熱潮：迅速贏得強烈歡迎的潮流，也同樣快速退燒。最可能吸引青少年消費者。

Fair Isle 費雷島：針織類型的一種，特色是重複的多彩幾何圖樣。這項技巧會在反面產生稱為「浮紗」的橫向紗線。

Fashion 時尚：獲得短期流行並在達到高峰時普遍使用的風格，卻在不久後被不同風格取代。時尚一詞可指稱服飾形式、飲食或任何消費產品。也普遍用做最流行的穿著款式的同義詞。

Fashioned knits 成型針織衣：此類型衣服是以紗線針織成**衣服**（apparel）形狀的裁片，然後連結裁片夾構成衣服。

Fashion illustration 時尚插畫：具藝術性、**編輯主題**（editorial）的視覺化時尚造型。

Fiber 纖維：構成織品材質的最小元素。纖維可以是天然來源（例如蠶絲、棉花、羊毛、亞麻），或是加工製造（例如嫘縈、聚酯纖維、尼龍）。

Filament fibers 長纖維：採收或製造成單一連續絲線的纖維，例如蠶絲和嫘縈。

Findings 輔料：除了外層布料和裝飾邊飾，所有構成衣服所需元素的統稱。輔料包括墊肩、布襯、帆布裡襯、鎖釦。

Finishing 加工：應用在布料上的完成手續，使其可上市販售。加工可以是美感取向，如印花和**壓花**（embossing），也可以是功能性取向，如防火和煮沸。

Flat drawing/Flats 平面圖：比例精確的衣服白描圖畫，目的是傳達物品的正確比例與構成細節。通常以黑線繪製於白底上。

G

Garment fitting 人臺試衣：使用立體剪裁法改進既有衣服的形狀和比例的手續，以期將之加入當季的產品系列。

Gatekeepers 守門人：時尚頁內的重要決策者，例如具影響力的時尚媒體編輯、趨勢預測者，以及大型零售業者的買手和商品規劃者。

Gauge 規格／針織密度（臺灣業界常稱為G）：1英寸（2.5公分）橫向針織中的針腳數字。數字依照紗線、針、針目的尺寸而有所不同。數字普遍用來表示針織材質的磅數，30G是極細，7G則極重。

Generational cohorts 世代族群：專注在特定時期（世代）出生的人的共同行為之消費者區塊。

Geometric pattern experimentation 幾何版型實驗：在**人臺**（dress form）上以幾何裁切的布塊製作立體剪裁的方法。

Grain 布紋：平紋針織布料的縱向絲線方向，絲線與**布邊**（selvedge）平行，是最穩定的方向。

Graphic print 平面印刷：圖樣印刷的類型，以少許不同顏色來組成彩色圖樣。

Greige goods 胚布：未加工織物，可染色、印刷，或其他生產者要求加工，以符合消費者需求。**平織布**（muslin、calico）是用於製作衣服樣本和**樣版**（mock-ups）的胚布。

H

Haute couture 高級訂製服：聚焦在生產客製設計與量身訂製的**衣服**（apparel），專門為單一客戶創作生產，常常需要使用大量手工構成法。Haute couture是法語，翻譯的意思為「高級縫製」。

High street/Mall 商店街／購物中心：注重平易近人且容易取得的市場區塊。在英國的主要商店街出現的品牌，無論價格級別，都可視為商店街品牌。

Hue 色相：原色的特定混合色，例如天藍（純原

色）、紫色（二次色）、橘黃色（三次色）。任何色相都可做為進一步色彩調配的起點，如加入白色或黑色創造基礎色相的**淺色**（tint）或**深色**（shade）。

I

Ideation 構思：以初始**概念**（concept）發展的想法、研究方向、設計可能性的步驟。

Innovator 創新者：見**設計創新者**（design innovator）

Inspiration board 靈感板：見**概念板**（concept board）。

Intarsia 引塔夏：運用在針織衣服的技法，在單層布料上生成多種顏色。

Interpreter 詮釋者：見**設計詮釋者**（design interpreter）。

J

Jacquard 提花：機械化的梭織技術，可在布料中生成繁複的梭織圖樣，也可達到繁複精緻的多色彩設計。

Jersey 平紋針織布：素色針織織造，可變化反針和針織針目，使其表現在加工後的布料任一面。

L

Landscape orientation 橫式：見**頁面方向**（page orientation）。

Laser-cutting 雷射切割：使用電腦控制的雷射，蝕鏤或切割布料。

Layout 排版：在頁面上安排文字與圖片，用以呈現視覺的方法。

Lifestyle inspiration 生活風格靈感：聚焦在消費者需求、希望、習慣或嚮往的概念類型。

Lineup 整體呈現：成套服裝系列以並列的**草圖**（croquis）素描或**上色草圖**（rendered croquis）視覺化。

Logo 品牌標誌：品牌用於辨識自家產品和服務的符號或圖像。

Lookbook 造型手冊：為呈現完整樣本衣服的形象而創作的印刷或數位出版品。

M

Macrotrend/Megatrend 宏觀趨勢：表現在五年以上的消費者行為變化的長期趨勢。

Manufacturer 生產者：創造新產品並將之販售給**零售業者**（retailers）的行業。此處的商品銷售指得是**批發**（wholesale）商品。

Market level/Market segment 市場級別／市場區塊：時尚產業的子類型，最常以生產販售的物品價格定義。

Market opening 市場打開：市場中目前沒有既有公司服務的區域。

Mass-market 大眾市場：見**低價**（Budget）。

Merchandising 商品規劃：強調品牌銷售的活動，一般包括品牌與其產品的推廣和視覺呈現。商品規劃團隊常常負責建議設計團隊哪些產品可納入或從產品線排除。

Middle Ages 中世紀：西洋史中，橫跨自羅馬帝國（公元前400年）到文藝復興初期（公元1400年左右）的時期。

Mind mapping 心智圖：用來記錄透過腦力激盪生成的想法的技巧。從中心出發點開始，沿著線性和串狀排列規劃想法。

Mock-up/Sample prototype 樣版：服裝細節或部分服裝的測試生產，以**胚布**（muslin、calico）或其他便宜布料製作，用意在於解決技術需求和評估設計可行性。

Moderate 中價位：介於**輕奢**（better）和**低價位**（budget）之間的市場級別定位。Gap和Zara等品牌都經營中價位市場級別。

Modular design 模組化設計：從已決定的可用元素資料庫中結合風格和細節的設計方法。

Monochromatic 單色：配色組合中，以單一**色相**（hue）組成的色彩搭配。可能仍包含使用**淺色**（tint）與**深色**（shade），或是包含**無彩色**（achromatic colors）。

Monopolistic competition 壟斷性競爭：一種競爭策略，企圖傳達公司產品或服務的獨特感。

Mood board 氛圍板：以視覺呈現體現在**衣服**（apparel）的設計系列中的情感傳達。

Mordant 媒染劑：與染劑混合的化學物質，增加染劑在纖維或其他材質上的效果。使用媒染劑可讓染色材質的成果更鮮亮，也較不容易褪色。

Moulage 立體剪裁：法語原意是「塑形」，此方法就是在**人臺**（form）上披掛布料，達到衣服可支撐自身形狀，建立衣服的分量感和構成。

Muse 繆思：能激發靈感的人，設計師普遍用來強調他們的創作過程。繆思常能體現設計師心中的理想消費者。

Muslin/Calico 平紋布／平紋布：胚布（greige good）的一種，通常是未漂白的梭織棉布，用於開發衣服樣本和**樣版**（mock-ups）。平紋布有多種不同磅數，從輕薄的襯衫布到厚重的帆布。開發平紋布樣版時，設計師需選用最能反映最終定案布料特性的磅數。

Muslin prototype/Toile 胚樣原型：使用平紋布或便宜織物製成的衣服樣本或可行的原型。

N

Narrative theme 敘事主題：用故事方法來描述的**概念**（concept）類型。敘事主題常常從不同地方、環境、時代或特定文化汲取創作靈感。

Niche 小眾市場：專注在市場上的小型區域。

O

Ombré 漸層：見**浸染法**（Dip-dyeing）。

P

Packaging 包裝：透過包材或保護材的使用呈現品牌或產品。

Page orientation 頁面方向：頁面或圖像的格式。長邊成水平的稱為**橫式**（landsacpe），長邊呈垂直的稱為**直式**（portrait）。

Patchwork 拼布：表面處理技巧，利用縫合多塊布料的方法，創造面積更大的布。

Perforation 穿孔：小洞。製造穿孔普遍使用模切機（cutting die machinery）。

Photographic print 照片印刷：使用全光譜色彩的圖樣印刷類型。

Placement print 定位印花：在衣服特定區域出現設計的印花類型。口號T恤就是定位印花的例子。

Pleating 壓褶：表面處理技巧，在布料上加熱，形成永久定型的摺痕。

Portfolio 作品集：編輯過的設計師整體作品呈現。

Portrait orientation 直式：見**頁面方向**（Page orientation）。

Postmodernism 後現代主義：二十世紀中葉發展的思想性與藝術性運動。後現代主義與自我參照主義（self-referentialism）、相對主義（relativism）、多元主義（pluralism）及不敬有關。

Primary colors 純色：藍色、紅色、黃色。這些顏色可以結合成各式各樣的變化，構成**色輪**（color wheel）上的所有**色相**（hue）。

Primary research 初級研究：透過觀察、畫畫、照片、錄像、考察、訪談、問卷或焦點小組搜集成的第一手搜集資料。

Process book/Sketchbook 過程筆記／素描本：可以是一本書、資料夾、盒子、數位檔案，內容是研究調查、**設計實驗**（design experimentation）和**設計改進**（design refinement）過程的記錄資料。

Product developer 產品開發者：時尚產業中從獲認可的設計到完成品過程中，管理**衣服**（apparel）製作的專業人員。

Production run 生產流程：**零售業者**（retailer）販售所需的產品數量。

Psychographics 心理變數：建立在搜集大量資訊，如偏好、價值、品味等的消費者研究過程。

Purl knitting 反針針織：僅使用一種針法（反針）的針織布料，生成的織物兩面外觀相同。

Q

Quilting 車棉布縫：將兩層或更多層縫合成一張加墊織物的縫紉技法。車棉布縫可以手縫或機縫，在織物上產生質地效果。

R

Range board 系列圖表：按衣服種類分類的完整商品線視覺，含每一件衣服的所有配色選項。

Ready-to-wear/RTW/Prêt-à-porter 成衣：任何以標準尺寸生產的衣服。

Rendered croquis 上色草圖：完整繪製的**草圖**（croquis）素描，使用進階的視覺處理技法與媒材，精確傳達造型中的表面。上色草圖主要用於**整體呈現**（lineup），有時會誤用指稱**時尚插畫**（fashion illustration）。

Repeat print/Allover print 重複印花／滿版印花：一種印花設計類型，毫無縫隙地布滿衣服整個表面。

Research investigation 研究調查：設計過程的第一階段，聚焦在從初級研究中提取能激發靈感的創作元素。

Resist-dyeing 防染法：使用蠟或化學物質塗在布料上的加工法，防止布料的特定區域吸收染料。另見**蠟染**（wax-dyeing）。

Resolution 解析度：數位圖像中每英寸的畫素或圖點數量。需要高解析度圖像（至少300ppi/dpi）才能確保合適的印刷品質，螢幕解析度圖像（72dpi/ppi）較適合數位出版品。

Résumé 履歷：應徵工作用的能力、學歷、專業經歷的簡短摘要。有時稱為**Curriculum Vitae**或**CV**。

Retailer 零售業者：對最終消費者或使用者銷售產品的行業。

Rurching/Gathering/Shirring 褶飾／皺褶／縐縫：表面處理技法的一種，利用鬆緊帶或假縫（basting）、疏縫（tacking）讓布料起皺或皺縮。

S

Sample yardage/Sample cut 布樣：**衣服**（apparel）生產者下訂的一段布料，專門用來生產衣服原型，也用來指稱伸展臺或銷售樣衣。

Sandblasting 噴砂：在布料和加工衣服上應用磨砂表面處理。使用空壓機在織物表面噴出沙子，做出穿舊或仿舊處理。

Saturation 彩度：**色相**（hue）的視覺強度或鮮豔度。

Screen printing/Silk-screening 網版印刷／絹版印刷：印刷技術，可將圖像施加在布料上，或固定位置以細緻網布或絹布孔版疊加層次。

Seam 縫線：服裝構成中兩個裁片的接合處，通常使用縫合。

Seasonal color/Fashion color 季節色／流行色：短期內服裝線中使用的色彩。

Seasonal fabrication 季節織造：只用一季的當季的產品系列布料或織物。如表現季節系列創意創新性的材質。

Secondary colors 二次色：混了兩種**原色**（primary colors）得到的**色相**（hue），例如混合藍色和黃色會得到綠色。

Secondary research 次級研究：從書本、雜誌和期刊等既有資源中搜集而來的資訊。

Selvedge 布邊：平紋針織布料的完成邊，順著布料剪裁的長邊。

Separates 單品：規劃服裝範圍的方式，主要用意是打造多樣可互換的衣服，而非完整成套服裝，給予消費者更多搭配選擇。

Sequin 亮片：用來裝飾的扁平閃亮圓片。有些亮片可壓入多面杯狀增加閃亮感。「Sequin」一字衍生自義大利文的「zecchino」，一種金屬硬幣。

Serging machine/Serger/Overlocker 拷克機：屬於生產**衣服**（apparel）的機器家族，用來加工裁片的裁邊，或是**縫製針織**（cut-and-sew knits）衣服。

Shade 深色：在任何**色相**（hue）中加入黑色變化出的色彩。

Shibori 絞染：**紮染**（tie-dyeing）技巧家族的一種，源自日本。

Showpiece 展示品：伸展臺上設計用於創造視覺衝擊的成套衣服。展示品可強化品牌敘事，吸引媒體注意，不過也常常過於繁複，不適合商業化生產與銷售。

Silhouette 輪廓：成套衣服的整體形狀。

Smocking 縮縐：表面處理技巧，縫合摺疊的布料，創造出具紋理的表面。縮縐常與鄉村風或民族風服飾風格與童裝有關。

Specification/Spec drawing 規格說明／規格圖：白描圖畫，有時被視為**平面圖**（flat drawing）的子類型。規格說明圖是比例精確的衣服視覺化，包含細節的特寫視角、內部構成等等。

Specification/Spec pack/Technical/Tech pack 規格說明書：多頁文件，旨在傳達所有和某種款式的生產目的有關的所有必要資訊。

Split complementary 補色分割配色：色彩配置。**色輪**（color wheel）上其中一色，以及位於其**補色**（complementary）兩邊的**色相**（hue）所構成的三色配置。

Spread 跨頁：書本中相對的兩個頁面。

Staple color 常備色：服裝線中各個時期都會不斷使用的色彩。中性色和**無彩色**（achromatic colors）普遍用做常備色。

Staple fabrication 常備織造：很長一段時期內，重複出現在服裝線或多個系列中的織品或材質。這些材質很可能帶來規律持續的銷售。

Staple fibers 短纖維：自然存在或製成短段狀的纖維，如羊毛和棉花。

娜塔莎‧凱卡諾維奇繪製
的編輯主題插畫。

Stonewashing 石洗：加工工法，普遍用在丹寧製造，加入石頭與布料或衣服一起水洗，營造破舊外觀。

Storyboarding 分鏡：使用概念縮圖將多個頁面視覺化的方法，以確定內容和排版元素的位置。

Style code/Style name 型號：用於辨識每一個款式的編號，目的是在銷售、生產、分配與零售時便於追蹤。

Styling 搭配：整理打點造型元素的過程，元素包括衣服、配件、髮型和彩妝，打造出一致的品牌訊息，展現產品線展示或**編輯主題**（editorial）攝影背後的故事

Supply chain 供應鏈：產品的生產和分配銷售的所有步驟或過程。

Surface draping 表面立體剪裁：在**人臺**（dress form）上進行布料立體剪裁，增加支撐性內衣的紋理表面。

T

Tambour 繃框：**刺繡**（embroidery）過程中用來夾住固定大片布料的框架。**高級訂製服**（haute couture）中大量運用繃框，需要使用特製鉤針而非普通縫紉用針。

Taste: 品味：美感偏好。品味可以是個人獨特的，或是某個社會或文化族群共有的。

Technical/Tech pack 技術說明書：見**規格說明書**（Specification pack）。

Technical drawing 工藝圖：展示服裝細節或功能面的白描圖畫。

Tertiary colors 三次色：混合單一個**原色**（primary color）和一個**二次色**（secondary color）得到的色相（hue），例如藍綠色、紫紅色。

3D printing/Rapid prototyping 3D 列印／快速原型製作：電腦化工法，可產生3D模型的實體立體物。

Tie-dyeing 紮染：綑綁布料或施加壓力，防止特定區域吸收染料的加工法。

Tint 淺色：任何**色相**（hue）加入白色混合而成的顏色。這類顏色有時也稱為粉彩色。

Tolerance 允許誤差：**生產流程**（production run）中，相同款式完成品的經檢驗樣衣與尺寸測量的容許差異範圍。

Trapunto 白玉拼布：這是車棉布縫的一種**子類型**（quilting），大量使用加墊、纖維填充或繩線，達到較厚的凸起表面。

Trend 趨勢：一段時期中**品味**（taste）或美感偏好的變化。

Trend forecasting 趨勢預測：透過研究和分析，預報未來趨勢動態的過程。

Triadic 三等分配色：位於**色輪**（color wheel）上的正三角形的三色組合，例如紅＋藍＋黃，或橘黃＋紫紅＋藍綠。

Trickle-across trend 泛流趨勢：源自市場各個角落的風格趨勢，透過大眾傳播和反應迅速的**供應鏈**（supply-chain）管理，立刻廣受歡迎。

Trickle-down trend 順流趨勢：源自**創新者**（innovators）與時尚領導者，然後受較下層的市場區塊模仿的風格。

Trim 邊飾：指服裝構成中的一種裝飾性元素，如緞帶、**貼花**（appliqué）、鎖釦，做為**裝飾**（embellishment）使用時。

Tucking/Pintucking 縫褶／細褶：一種表面處理技巧，縫起褶襇，創造摺痕效果。

Typography 字型：數位或印刷素材中，字母和文字的造型和外觀。

V

Vat-dyeing 甕染法：將紗線或布料放入染槽或染缸的加工法，通常稱這些容器為「甕」。

Vertical integration 垂直整合：直接控制供應、製造、生產、銷售、零售鏈中多重階段的策略，將利潤最大化。

Vintage 經典時代：歷史衣服的一種，通常少於一百年，維持或重獲風格吸引力。

Visualization 視覺化：將想法化為平面或立體形式的方法。

W

Wales 經圈：緯編（weft knit）中，垂直排列的針腳。

Warp 緯圈：平紋針織布料中與**布邊**（selvedge）平行的絲線。

Warp knit 經編：紗線走向明顯沿著布料長邊的針織布料。

Wax-dyeing 蠟染：**防染法**（resist-dyeing）的子類型，僅使用蠟（而非化學物質）防止布料的特定區塊吸收染料。

Weft 緯圈：平紋針織布料中與布邊垂直的絲線。

Weft knits 緯編：紗線走向沿著短邊的針織布料。

Wholesale 批發：將物件整批銷售給**零售業者**（retailers），後者再將商品賣給消費者。一般而言，批發價格會落在零售價的三分之一到二分之一之間。

Woodblock printing 凸版印刷：使用刻花的蓋印工具將圖像施加在布料上的技術。

Y

Yarn 紗線：絲線通常是由多條**纖維**（fibers）紡或撚成。人造材質製成的最纖細的絲狀紗（filament yarns），可由單一未紡撚纖維製成。

Yarn-dyed fabrics 色紗織物：紗線先染色才織製的梭織或針織織物。單色、**提花**（jacquards）、條紋和格紋織物普遍以色紗織製，提升色彩的耐久度。

Z

Zeitgeist 時代精神：德語詞彙，意思是「時代的精神」。在時尚、裝飾藝術與其他文化表現中，時代精神意指在特定地區與時期流行的美感。

時尚織物與
一般用途

時尚產業中，布料與材質通常會以規格類型分類，有助於設計師決定每一種織物可應用的特定衣服種類。按照這些指南，可確保設計師的產品與市場上已存在的所有其他產品保持一致。

以用途分類

布料常以主要用途指稱，不過設計師還是會依照需要，將這些布料用於製作其他衣服種類。

襯衫布（shirtings）：使於製作梭織（開釦）男用襯衫與女用襯衫。襯衫布還可細分為輕磅數、中磅數、高磅數類型，提供更多適當的季節性使用指引。

下裝重磅／厚實布料（bottom-weight fabrics）：用來製作長褲、短褲、裙子。下裝重磅／厚實布料也可用來製作休閒外套。

西裝布料（suitings）：用來製作西裝的布料（外套、長褲或裙子）。西裝布料還可依磅數細分，範圍從最輕的「熱帶」（很適合溫暖的夏日）到高磅數西裝布（最適合製作冬季男裝）。中磅數西裝布料用來製作商場上全年可穿的西裝。

外套布（jacketing）：用來構成西裝外套、夾克或獵裝。外套布通常磅數過高，不適合用來裁製西裝長褲。

大衣布（coatings）：用於製作外衣，如雨衣或布勞森外套（blouson）。

西裝大衣布（overcoatings）：許多人認為這是大衣布的子類型。西裝大衣布通常專門製作膝上西裝大衣和過膝西裝大衣。

16N的2019年秋冬系列造型之一，使用多種不同磅數的布料。

以磅數分類

為了讓布料分類過程統一化，許多生產者不以織物的建議用途指稱（如前文「以用途分類」條列），而是採用布料磅數。磅數的測量方式是每平方碼的盎司數（oz/yd2）或每平方公尺的公克數（gsm或g/m2）。這個系統與布料的實體特性有關，而非預設用途，因此設計師較不需受此限制。

布料磅數換算表

G/M²	OZ/YD²	G/M²	OZ/YD²	G/M²	OZ/YD²
50	1.47	220	6.49	390	11.50
60	1.77	230	6.78	400	11.79
70	2.06	240	7.08	410	12.09
80	2.36	250	7.37	420	12.38
90	2.65	260	7.67	430	12.68
100	2.95	270	7.96	440	12.97
110	3.24	280	8.25	450	13.27
120	3.54	290	8.55	460	13.56
130	3.83	300	8.84	470	13.86
140	4.13	310	9.14	480	14.15
150	4.42	320	9.43	500	14.74
160	4.72	330	9.73	510	15.04
170	5.01	340	10.02	520	15.33
180	5.31	350	10.32	530	15.63
190	5.60	360	10.61	540	15.92
200	5.90	370	10.91	550	16.21
210	6.19	380	11.20	560	16.51

將gsm測量換算成盎司，請將數字乘以0.02948。

將盎司測量換算成gsm，請將數字乘以33.92。

對頁：紡織工廠中的梭織機。

草圖與
平面圖樣版

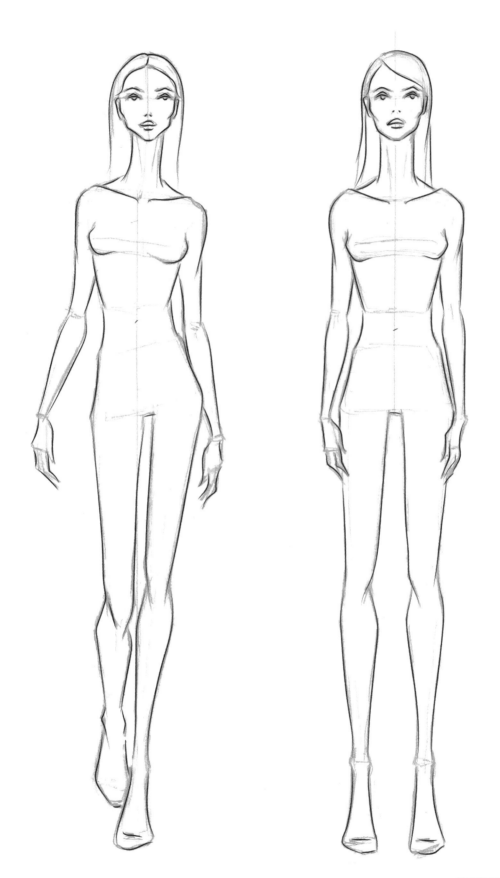

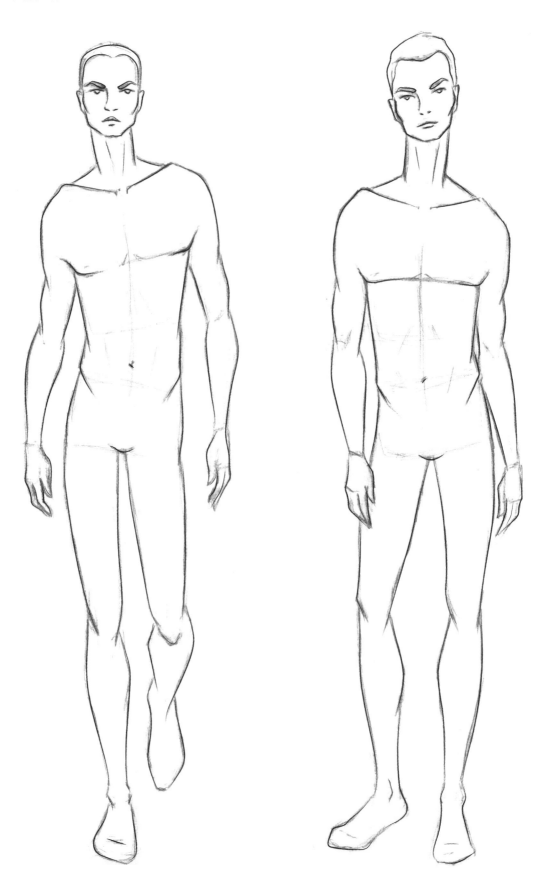

孕婦與大尺碼草圖樣版

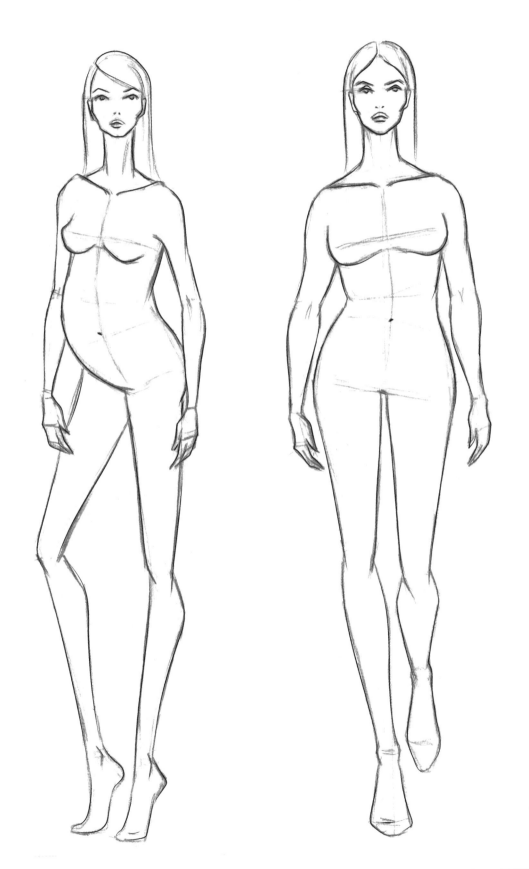

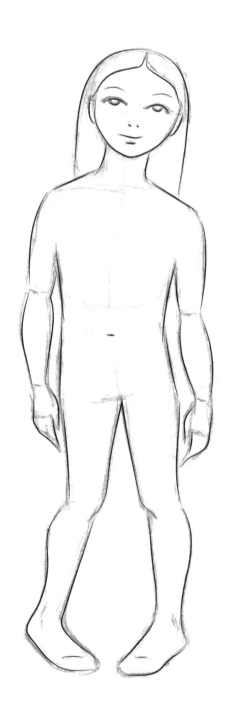

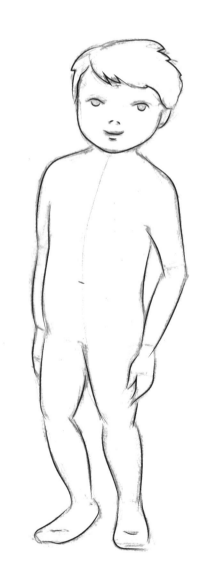

平面圖樣版

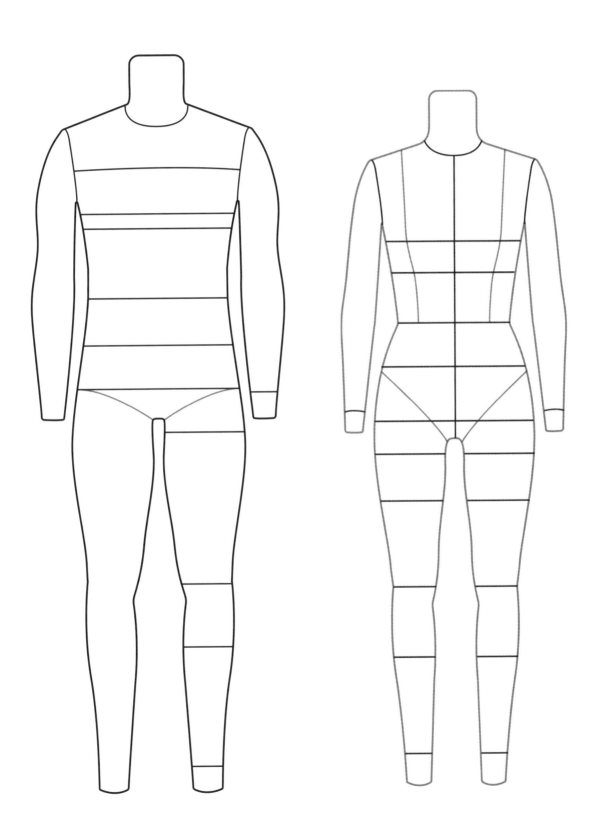

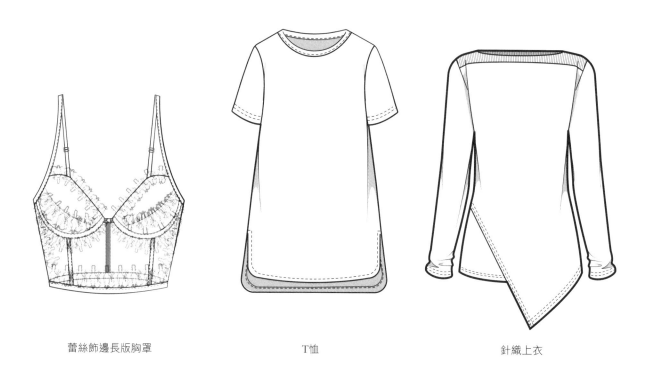

蕾絲飾邊長版胸罩　　　　　　　T恤　　　　　　　　　針織上衣

前拉鍊緊身褲　　　　　　　　日式罩衫　　　　　　　　珠飾泳衣

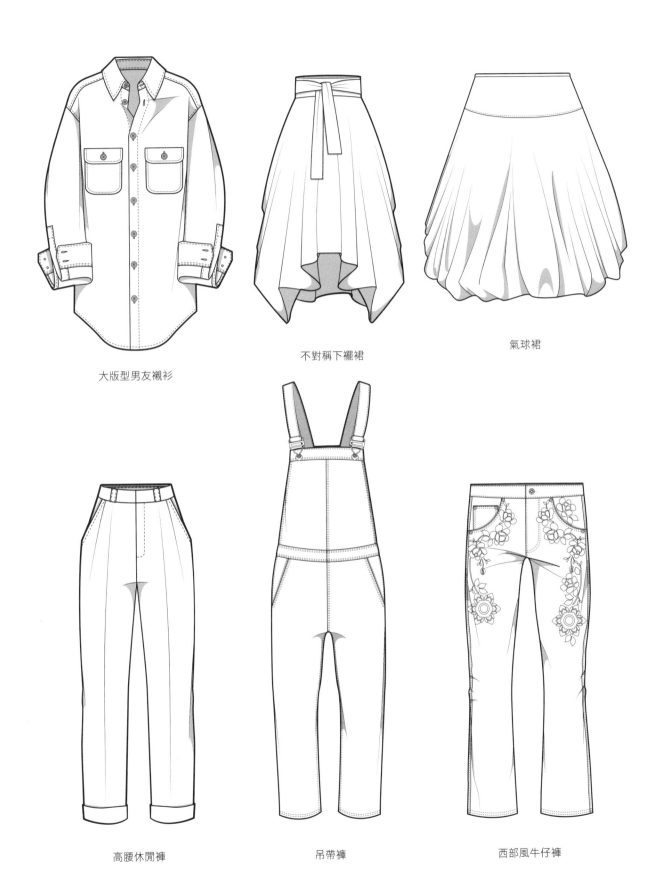

大版型男友襯衫

不對稱下襬裙

氣球裙

高腰休閒褲

吊帶褲

西部風牛仔褲

雙層細肩帶洋裝　　　　皺褶雞尾酒洋裝　　　　鄉村風洋裝

狩獵洋裝　　　　壓褶長洋裝　　　　歐根紗短斗篷魚尾洋裝

麻花針織質地毛衣

垂墜領縫製針織衣

寬短版費雷島毛衣

貼布裝飾機車外套

羽絨大衣

層次感孔飾飛行員皮衣外套

皮草飾邊大衣

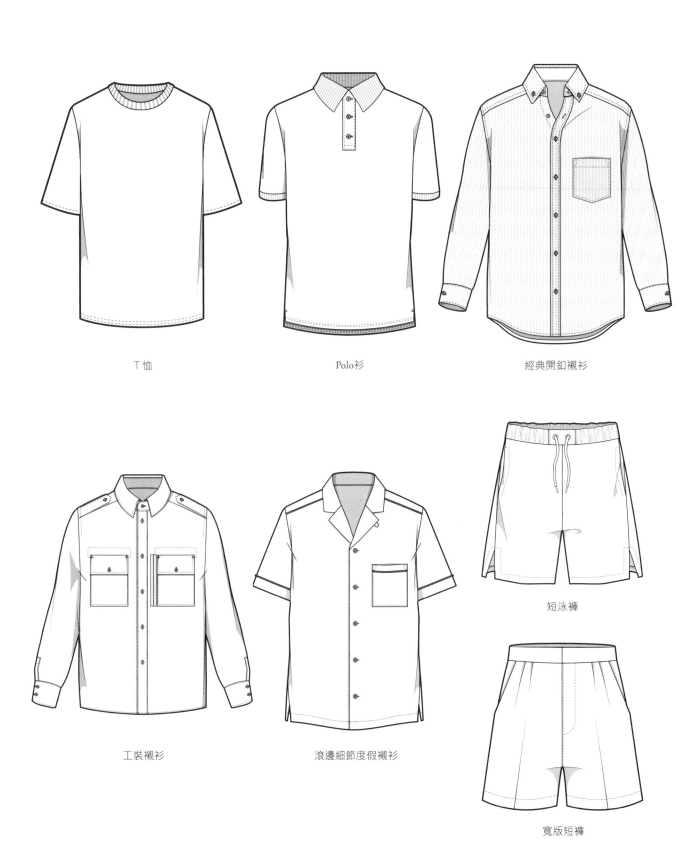

Ｔ恤　　　　　　　　　　Polo衫　　　　　　　　經典開釦襯衫

工裝襯衫　　　　　　滾邊細節度假襯衫　　　　短泳褲

寬版短褲

連帽外套　　　　　　　　開襟針織衫　　　　　　　　V領麻花針織毛衣

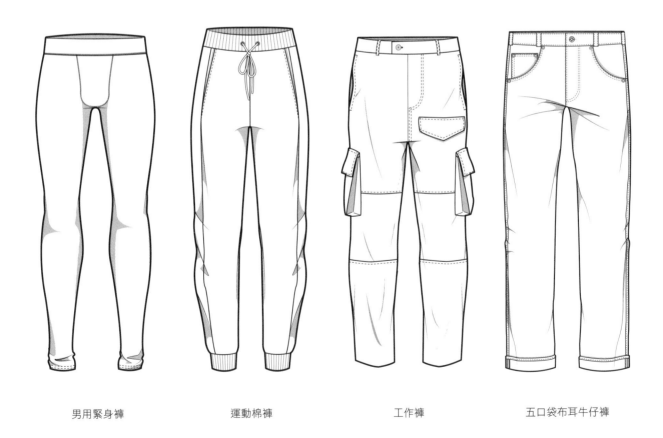

男用緊身褲　　　　　運動棉褲　　　　　工作褲　　　　　五口袋布耳牛仔褲

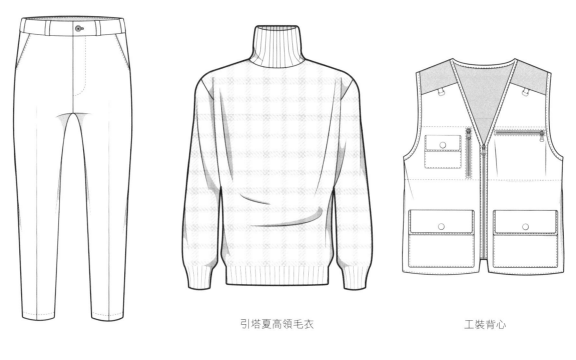

引塔夏高領毛衣

工裝背心

錐形褲

細條紋雙排釦外套

半裡結構毛呢外套

窄版雙鈕釦單排釦外套

飛行員外套　　　　　　　丹寧外套　　　　　　　燈心絨工裝外套

派克外套　　　　　　　雙排釦切斯特菲爾德大衣

實用資源

時尚與服裝資源

美術館

巴倫西亞加博物館（Balenciaga Museum）｜西班牙格塔里亞

巴塔鞋履博物館（Bata Shoe Museum）｜加拿大多倫多

克里斯汀・迪奧博物館與花園（Christian Dior Museum and Garden）｜法國格蘭維爾

時尚博物館（Fashion Museum）｜英國巴斯

FIDM時尚設計商業學院博物館與藝廊（Fashion Institute of Design & Merchandising Museum and Galleries）｜美國洛杉磯

皮耶・貝爾傑－伊夫・聖羅蘭基金會（Fondation Pierre Bergé–Yves Saint Laurent）｜法國巴黎

古馳博物館（Gucci Museum）｜義大利佛羅倫斯

肯特州立大學博物館（Kent State University Museum）｜美國肯特

神戶時尚博物館（Kobe Fashion Museum）｜日本神戶

京都服裝學院（Kyoto Costume Institute）｜日本京都

裝飾藝術美術館（Les Arts Décoratifs）｜法國巴黎

大都會美術館（服裝學院）Metropolitan Museum of Art, Costume Institute）｜美國紐約

MoMu時尚博物館（ModeMuseum，MoMu）｜比利時安特衛普

時尚博物館（Museo de la Moda）｜智利聖地牙哥

芙烈達・卡蘿博物館（Museo Frida Kahlo）｜墨西哥墨西哥城

薩瓦托・菲拉格慕博物館（Museo Salvatore Ferragamo）｜義大利佛羅倫斯紐約流行設計學院附設博物館（Museum at FIT，Fashion Institute of Technology）｜美國紐約

袋包博物館（Museum of Bags and Purses, Tassenmuseum Hendrikje）｜荷蘭阿姆斯特丹

美術與蕾絲博物館（Musée des Beaux-Arts et de la Dentelle）｜法國阿朗松

巴黎時尚博物館（Palais Galliera）｜法國巴黎

佛圖尼宮（Palazzo Fortuny）｜義大利威尼斯

SCAD FASH博物館（Savannah College of Art and Design Museum of Fashion）｜美國亞特蘭大

Simone手袋博物館（Simone Handbag Museum）｜南韓首爾

維多利亞與亞伯特美術館（Victoria and Albert Museum）｜英國倫敦

雜誌

這份清單包含仍在發行中與已停刊的時尚期刊，都是極寶貴的時尚研究資源。

7th Man｜英國

10 Men｜英國

Allure｜美國

An an｜日本

AneCan｜日本

Another｜英國

Another Man｜英國

Arena Homme +｜英國

Asian Woman｜英國

Burda Style｜德國

Café｜瑞典

CanCam｜日本

Classy｜日本

Cliché｜美國

Complex｜美國

Cosmode｜日本

Cosmopolitan｜美國

Crash｜法國

Darling｜美國

Dazed & Confused｜英國

Details｜美國

Egg｜日本

Elle｜法國、印度

Esquire｜美國

Fantastic Man｜荷蘭

Fashion｜加拿大

Fashion Central｜巴基斯坦

Fashion Forward｜以色列

Femina｜丹麥、印尼、印度

FHM India｜印度

Flaunt｜美國

FRUiTS｜日本

Fucsia｜哥倫比亞

Fujin Gaho｜日本

GQ｜美國

Grazia｜義大利、印度

Grind｜日本

Happie Nuts｜日本

Harper's Bazaar｜美國

i-D｜英國

InStyle｜英國、美國

JJ｜日本

Koakuma Ageha｜日本

L'Officiel｜法國

L'Officiel Hommes｜法國

L'Uomo Vogue｜義大利

Look｜英國

Lucire｜紐西蘭

Lucky｜美國

LTST｜英國

Marie Claire｜法國

Men's Non-no｜日本

Men's Vogue｜美國

Modelatude｜印度

Model Bank｜杜拜

nicola｜日本

No Tofu｜美國

Non-no｜日本

Numéro｜法國

Numéro Homme｜法國

Nylon｜美國

Nylon Guys｜美國

Olivia｜芬蘭

Oyster｜澳洲

PAPER｜美國

Pinky｜日本

Pop｜英國

Popeye｜日本

PopSister｜日本

Popteen｜日本

Purple｜法國

Ranzuki｜日本

Schön! Magazine｜英國

Seventeen｜日本、美國

Sneaker Freaker｜澳洲

So-en｜日本

Teen Vogue｜美國

V｜美國

VMAN｜美國

Verve｜印度

Vestoj｜法國

Vivi｜日本

Vogue｜中國、法國、印度、義大利、英國、美國

Vogue Hommes International｜法國

Vogue Knitting｜美國

W｜美國

趨勢與消費者行為

趨勢預測

www.edelkoort.com

www.fashionsnoops.com

www.f-trend.com

www.trendcouncil.com

www.trendstop.com

www.wgsn.com

消費者與市場研究

The Business Research Company

Euromonitor International

Global Industry Analysts

GlobalInfoResearch

IMARC Services Pvt. Ltd.

LP Information Inc.

MarketLine

QYResearch Group

TechNavio – Infiniti Research Ltd.

Textiles Intelligence

學術刊物

Clothing and Textile Research Journal

Costume: The Journal of the Costume Society

Critical Studies in Men's Fashion

Fashion Practice: The Journal of Design, Creative Process & the Fashion Industry

Fashion, Style and Popular Culture

Fashion Theory: The Journal of Dress, Body & Culture

Film, Fashion and Consumption

International Journal of Fashion Studies

Luxury: History, Culture, Consumption

Textile History

延伸閱讀

Africa Rising: Fashion, Design and Lifestyle from Africa by Robert Klanten et al. (Gestalten, Berlin, 2016)

CAD for Fashion Design and Merchandising by Stacy S. Smith (Fairchild Books, New York, 2012)

The Chronology of Fashion: From Empire Dress to Ethical Design by N.J. Stevenson (A&C Black, London, 2011)

Creative Fashion Design with Illustrator® by Kevin Tallon (Batsford, London, 2013)

Design Your Fashion Portfolio by Steven Faerm

(Bloomsbury, London, 2011)

Drawing Fashion: A Century of Fashion Illustration by Joelle Chariau, Colin McDowell, and Holly Brubach (Prestel Verlag, Munich, 2010)

Fashion Design by Elizabeth Bye (Berg, Oxford, 2010)

Fashion Design by Sue J. Jones (Laurence King Publishing, London, 2011)

Fashion Design Course by Steven Faerm (Barron's, Hauppauge, NY, 2010)

Fashion Design: The Complete Guide by John Hopkins (AVA Publishing SA, Lausanne, 2012)

Fashion Design Research by Ezinma Mbonu (Laurence King Publishing, London, 2014)

Fashion Drawing Course: From Human Figure to Fashion Illustration by Juan Baeza (Promopress, Barcelona, 2014)

Fashion Drawing: Illustration Techniques for Fashion Designers by Michele W. Bryant (Laurence King Publishing, London, 2016)

Fashion: A History from the 18th to the 20th Century: The Collection of the Kyoto Costume Institute by Akiko Fukai et al. (Taschen Bibliotheca Universalis, Köln, 2015)

Fashion Illustration & Design: Methods & Techniques for Achieving Professional Results by Manuela Brambatti and Lisa K. Taruschio (Promopress, Barcelona, 2017)

Fashion Illustration by Fashion Designers by Laird Borrelli (Chronicle Books, San Francisco, 2008)

Fashion Thinking by Fiona Dieffenbacher (AVA Publishing, London, 2013)

Fashion: A Visual History from Regency & Romance to Retro & Revolution by N.J. Stevenson (St Martin's Griffin, New York, 2012)

The Fine Art of Fashion Illustration by Julian Robinson and Gracie Calvey (Frances Lincoln, London, 2015)

The Fundamentals of Fashion Design by Richard Sorger and Jenny Udale (Bloomsbury Visual Arts, New York,

2017)

Groundbreaking Fashion: 100 Iconic Moments by Jane Rocca and Juliet Sulejmani (Smith Street Books, Melbourne, 2017)

Knit: Innovations in Fashion, Art, Design by Sam Elliott (Laurence King Publishing, London, 2015)

Pattern Magic by Tomoko Nakamichi (Laurence King Publishing, London, 2010)

Pattern Magic 2 by Tomoko Nakamichi (Laurence King Publishing, London, 2011)

Pattern Magic 3 by Tomoko Nakamichi (Laurence King Publishing, London, 2016)

Pattern Magic: Stretch Fabrics by Tomoko Nakamichi (Laurence King Publishing, London, 2012)

Patternmaking by Dennic C. Lo (Laurence King Publishing, London, 2011)

Patternmaking for Fashion Design by Helen J. Armstrong (Pearson, London and New Delhi, 2014)

Patternmaking for Menswear by Gareth Kershaw (Laurence King Publishing, London, 2013)

Print in Fashion: Design and Development in Fashion Textiles by Marnie Fogg (Batsford, London, 2006)

Sewing for Fashion Designers by Anette Fischer (Laurence King Publishing, London, 2015)

Textile Futures: Fashion, Design and Technology by Bradley Quinn (Berg, New York and Oxford, 2010)

Zero Waste Fashion Design by Timo Rissanen and Holly McQuillan (Fairchild Books/Bloomsbury Publishing, London, 2016)

索引

加粗頁碼為人名或插圖

圖片版權

謝辭

作者希望將謝意努力傳達給所有為本書付出的人：Laurence King Publishing 的Helen Ronan、Sophie Wise、Clare Double與Giulia Hetherington，以及在同儕審閱過程中提供寶貴指引的人，還有在本書中提供視覺素材者，其中特別感謝Lara Wolf與Jonathan Hayden的作品。

作者也要感謝他的丈夫Paul Emmons以及他的女兒Daphne和Penelope，在努力製作本書的全程提供無盡耐心與支持。

最後要特別感謝所有教授時尚的人。每一天，教師都為個別學生的成長帶來正面貢獻，形塑整個時尚產業的未來。在我的學生時代指引我的教授，以及迄今共事過的同事，他們每日的所作所為的意義與重要性，全都加深我對時尚教師的欽佩。因此本書就是獻給他們。